新时期民营企业管理研究

陈庆玲◎著

中国水利水电出版社
www.waterpub.com.cn

内 容 提 要

本书在对民营企业管理的基础知识进行介绍之后,分别对民营企业管理中的发展战略、绩效、知识产权、人力资源、财务、选址以及跨国经营等管理模块展开分析,重点阐述了提升各个管理模块的方法手段,还对新时期民营企业管理的热点问题进行了详细的探讨,提出了较为可行的操作方法。

图书在版编目（CIP）数据

新时期民营企业管理研究 / 陈庆玲著. -- 北京 ：
中国水利水电出版社，2016.6（2022.9重印）
　　ISBN 978-7-5170-4334-8

Ⅰ．①新… Ⅱ．①陈… Ⅲ．①民营企业－企业管理－
研究 Ⅳ．①F276.5

中国版本图书馆CIP数据核字(2016)第106480号

策划编辑:杨庆川　责任编辑:陈　洁　封面设计:崔　蕾

书　名	新时期民营企业管理研究
作　者	陈庆玲　著
出版发行	中国水利水电出版社
	（北京市海淀区玉渊潭南路 1 号 D 座 100038）
	网址:www.waterpub.com.cn
	E-mail:mchannel@263.net（万水）
	sales@mwr.gov.cn
	电话:(010)68545888(营销中心)、82562819（万水）
经　售	北京科水图书销售有限公司
	电话:(010)63202643、68545874
	全国各地新华书店和相关出版物销售网点
排　版	北京厚诚则铭印刷科技有限公司
印　刷	天津光之彩印刷有限公司
规　格	170mm×240mm　16 开本　16.25 印张　211 千字
版　次	2016年6月第1版　2022年9月第2次印刷
印　数	2001-3001册
定　价	49.50 元

前　言

改革开放三十多年来,民营企业这个带有浓厚中国特色的群体以惊人的速度发展起来,成为国民经济的重要组成部分,也成为国民经济中最为活跃的经济增长点,使得我国的经济增长基础发生了根本性的变化,由最初的完全依赖国有企业转向了混合经济。到今天,民营企业已经成为中国收入和就业增长的最重要来源。

但是,并不是所有的民营企业都能够发展壮大,这一群体中虽然有苏宁、联想、华为、万达、万科等大型民营企业,但更多的却是分布于各行各业的中小型民营企业。这些民营企业之所以没有做大做强,一个重要原因是管理出现了问题。尤其是在中国加入了WTO之后,民营企业又面临着人才危机,因为缺乏人才、人才管理不善导致发展受阻。在市场环境急剧变革的今天,民营企业如何提升自身管理水平已经成为每个民营企业家面对的重大课题。在此背景下,作者撰写了《新时期民营企业管理研究》一书,旨在为民营企业的管理提供一些理论帮助。

本书共有九章内容,主要介绍了民营企业各方面的管理。其中,第一章为民营企业管理概述,对民营企业的整体情况进行了概括性的介绍;第二章至第八章分别研究了民营企业的发展战略管理、绩效管理、知识产权管理、人力资源管理、财务管理、选址管理以及跨国经营管理;第九章则研究了新时期民营企业管理的热点问题,主要分析了民营企业员工流动、中小型民营企业的技术创新以及代际传承等问题。总体来说,本书内容翔实,逻辑结构清晰,语言通俗易懂,相信本书的出版能够为广大民营企业家、民营企业管理的爱好者与研究者提供一些新的思考方向。

　　本书在撰写的过程中参考了许多关于民营企业管理方面的著作,也引用了许多专家和学者的研究成果,在此表示诚挚的谢意。由于时间仓促,作者水平有限,书中难免存在不足之处,敬请广大专家学者和读者批评指正,以便本书日后的修改与完善。

作　者

2016 年 3 月

目　录

第一章　民营企业管理概述

现实证明，改革开放以来，民营企业对我国国民经济的发展做出了非常大的贡献，它既满足了人们的多样化需求，促进了科技的进步，又实现了我国产业结构的调整，更优化配置了社会资源，增加了社会就业总量。在体制机制方面，民营企业有自己独特的地方，因此在经营管理方面也是表现独到。以下就民营企业与民营企业管理的相关基本方面展开探讨。

第一节　民营企业与民营企业管理

改革开放以后，中国民营企业才得到真正的发展，尤其是在20世纪90年代之后，其发展更加迅猛，并成为推动我国国民经济发展最具有活力的新生力量。期间，民营企业管理也随之发展起来。然而，严格意义的民营企业概念和民营企业管理概念并没有正式确定下来，即使是在经济学界也没有取得共识。以下就民营企业的概念、相关概念、发展历史及民营企业管理的概念和特征进行阐述。

一、民营企业

（一）民营企业的概念

据考查，王春圃于1931年在其《经济救国论》一书中第一次使用了"民营"这一概念。在他看来，由国民党政府经营的企业为

"官营"企业,而由民间经营的企业称为"民营"企业。1995 年发布的《中共中央、国务院关于加速科学技术进步的决定》也提到了"民营",该文件指出"民营科技企业是发展我国高技术产业的一支有生力量,要继续鼓励和引导其健康发展"。严格意义上讲,我国法律没有"民营企业"这一概念,它只是一种集合类的概括性词汇,在我国经济体制改革过程中约定俗成而产生的。即使在经济学界,对"民营企业"这一概念及界定也没有取得共识,主要有以下几种观点。

一种观点认为,民营企业是以私人为主体的法人经济实体,由民间私人投资、经营,也由其享受投资收益、承担经营风险。

另一种观点认为,民营企业是相对于国有企业而言的法人经济实体。

还有一种观点认为,应该从企业的资本来源和构成来定义民营企业。当企业的资本主要来源于民间资产时,该企业即可称之为"民营企业"。

可以说,民营企业是中国特有的词汇,民间资产相对于国有资产而言,也不包含境外资产,特指中国公民的私有财产。根据上述观点,结合中国的实际国情,民营企业是指"在中国境内除国有企业、国有资产控股企业和外商投资企业以外的所有企业,包括个人独资企业、合伙制企业、有限责任公司和股份有限公司"[①]。另外还有这样的特殊情况,一些企业虽然也有小部分的国有资产,或者还有一小部分的境外资产,或者二者兼而有之,但二者都不具有企业的经营权和控制权,这些企业也可归为"民营企业"。

民营企业的存在形式有多种,从形成的角度来看,有家族式企业、合伙企业。家族式企业主要是从个体户起家,逐步积累起来的,或者直接由家庭成员投资兴办。合伙企业则是由朋友、同学、亲戚、同事参股合资兴办。另外,一些民营企业通过买断的形

---

① 章毓育等:《民营企业财务管理》,北京:清华大学出版社,2015 年,第 3 页。

式,将国有企业、集体企业进行转型,从而使之成为民营企业。总的来说,这几种形式的民营企业,其所有权都归一个或少数投资者所有,其企业股份不断分散。

当前,我国的民营企业在国民经济中的地位越来越重要,并成为国民经济中最为活跃的经济增长点之一。可以预见,民营企业的发展将更加科学合理。

(二)民营企业与私营企业的关系

1.私营企业的概念、特征及类型

我国法律虽然没有明确"民营企业"这个概念,但相关部门对"私营企业"这个概念有明确说明。2011年,国家统计局、国家工商总局印发的《关于划分企业登记注册类型的规定》第九条规定:"私营企业是指由自然人投资设立或由自然人控股,以雇佣劳动为基础的营利性经济组织。包括按照《公司法》《合伙企业法》《私营企业暂行条例》规定登记注册的私营有限责任公司、私营股份有限公司、私营合伙企业和私营独资企业。"

私营企业主要有以下几方面的特征。第一,资产属于私人所有。第二,存在雇佣关系。第三,以营利为目的。

私营企业主要有三种类型,即独资企业、合伙企业、有限责任公司。独资企业的投资者对企业债务负无限责任。合伙企业的合伙人对企业债务负连带无限责任。有限责任公司以其全部资产对公司的债务承担责任。在此当中,私营独资企业和私营合伙企业不能取得法人资格,而有限责任公司则可以依法取得法人资格。

2.民营企业与私营企业的关系

民营企业与私营企业不是等同关系,民营经济和私有经济也不是一个意思。私营企业具有资本主义性质,因为它包含有雇佣劳动关系的经济成分,即私有经济。私有经济是相对于公有制经

济而言的,在现实中包括公有制经济以外的经济成分,如个体经济、私营经济、外资经济。从这个角度来讲,私营经济是一个所有制概念。与之不同,民营经济不是一个所有制概念。它是从经营层次上说的,其经营主体为"民"。可以说,民营经济就是国有、国营或官办以外的经济成分。民营经济包括了全部私有制经济,还包括一些虽然不是国有、国营的但仍属于公有制经济的成分。例如,乡镇企业、合作社经济以及其他一些集体所有制经济,也属于民营经济,其相应的经济实体就是民营企业。

(三)民营企业与中小企业的关系

中小企业,是从企业的规模、人员数量来区分的,与其所处的大企业相对而言是比较小的经济单位。中小企业往往是由个人投资的,或者出少数的几个人投资,因此资金量、雇佣人数、营业额都比较小,从经营层面上讲多为业主直接对企业进行管理。

从概念上讲,民营企业是从所有制性质对企业进行的分类,而中小企业则是从经营规模对企业进行的分类。二者存在交叉关系,民营企业可能是中小企业,也可能是大型企业;而中小企业可能是民营企业,也可能是其他所有制性质的企业。

(四)我国民营企业的发展历史

新中国成立以来,民营企业先是被肯定,后又被否定,不久又在新的意义上进行肯定,再到否定之否定,这一历程大体上可分为以下两大阶段。

1.发展、改造和消灭阶段(1949—1978)

(1)发展时期

1950年6月召开的党的七届三中全会,针对经济工作而制定了相关的策略路线和行动纲领,提出"必须扶持有利于国计民生的私人资本主义经济",因此鼓励、提倡、支持各种民营企业的经营。这一时期,各种民营企业在国民经济中占绝对优势和主体地位。

（2）改造时期

为逐步实现国家的社会主义工业化，党于1953年提出了三大改造任务，对资本主义工商业、农业、手工业进行社会主义改造，这实质是将全部的私有制经济转化为公有制经济。自此，我国的所有制结构也就发生了根本性的变化，民营企业的生存发展空间也因此被挤压，其非公有经济成分一再被摒弃。

（3）消灭时期

"文化大革命"中，"左"倾思想特别严重，并由之提出了"割资本主义尾巴"，民营企业也因此几乎被灭绝。

2.重新萌生和发展阶段（1979年至今）

1979年，党的十一届四中全会召开，并通过了《中共中央关于加快农业发展若干问题的决定》，该文件规定，不允许把社员的自留地、自留家畜，还有自身的家庭副业、农村的集市贸易当作资本主义经济，也不能对之进行批判，不能取缔之。这以党的文件形式明确个体经济的政治地位。1982年，国家在宪法中明确规定要保护个体经济合法的权利和利益。

1987年，党的十三大报告公开允许私营经济的存在和发展，明确认定私营经济是社会主义公有制经济必要的和有益的补充。

1988年，国家对宪法进行了修正，修正后进一步确定了私营经济的法律地位，不但允许私营经济存在和发展，并对其进行保护、引导、监督、管理。

1992年，党的十四大提出了以公有制为主体、多种经济成分共同发展的方针，由此也确立了建立社会主义市场经济体制的改革目标。邓小平在南巡讲话之后，民营经济迅猛发展，增长速度极快，在此阶段，中小企业和民营科技企业受到政策的强有力支持。

1997年，党的十五大对社会主义初级阶段所有制结构理论进行了系统的阐述，提出"非公有制经济是我国社会主义市场经济的重要组成部分",民营企业得以进入"制度内",而关于民营企业的理论和政策也因此进入了一个新的历史阶段。

2003年,党的十六大报告明确民营企业的从业人员为社会主义事业的建设者,明确要保护他们的合法权益。报告还强调,必须毫不动摇地鼓励、支持和引导非公有制经济发展。各种所有制经济在市场竞争中自由发挥各自优势,互为补充,相互促进,共同发展。这给各地发展民营企业带来了良好的机遇,为民营经济的发展提供了新的动力,民营企业家的社会地位明显提高。各地纷纷高调推进民营经济的发展。

2007年,党的十七大报告提出,要坚持平等保护物权,形成各种所有制经济平等竞争、相互促进新格局。不但要深化国有企业公司制股份制改革,深化垄断行业改革,引入竞争机制,还要推进集体企业改革,发展多种形式的集体经济、合作经济。另外还要破除体制障碍,促进个体、私营经济和中小企业发展。

为增强民营企业抵抗国际金融危机的能力,国务院于2009年9月发出《国务院关于进一步促进中小企业发展若干意见》,旨在帮助广大中小企业解决融资、税费负担、技术创新等多方面的问题。在整体宏观经济形势向好,国家通过一系列政策支持鼓励民营企业发展的背景下,民营企业迅速复苏,积极转型升级,极大促进了我国经济的发展。

总的来看,民营企业在经济中表现活跃,经济地位不断提升,其优势日趋明显。

二、民营企业管理

(一)民营企业管理的概念

所谓民营企业管理,是指民营企业管理者、管理组织通过各种管理手段,对企业的各个要素(人、财、物、信息)实施计划、领导、控制,以期达到既定目标的过程。民营企业管理是一种动态的系统行为,并没有任何一种模式适用所有的民营企业。

在过去的二十多年的时间里,我国民营企业发生了很大的改变,一大批民营企业迅速成长起来。但是,也有不少民营企业在扩张过程中走向灭亡,甚至出现"一大就死"的现象。民营企业不能持续发展的原因是多方面的,而管理不善是其中一个重要的原因。因此,民营企业的管理问题备受关注。

(二)民营企业管理的特征

经过多年的发展,中国民营企业的管理逐渐成熟,当前民营企业管理在保持一些原有特征的基础上又被赋予现代企业的一些特征,主要表现为以下几方面。

1.家族式管理占有重要地位

在经济社会化的过程中,家族企业的发展必然是长期的。民营企业往往是由个人及相关的家族成员发起,家族式管理特征明显,其产权制度具有明显的家族化倾向。这是大多数民营企业的经营管理模式共有的特征。

社会发展到今天,家族制企业之所以还有生存空间,主要是因为我国目前的市场经济还处在发展初期,证券市场不发达,企业规模普遍比较小,并且多限于国内,家族人还有能力亲自运营。另外,众多规模小的民营企业融资困难,法律约束也较小,而会计制度又不透明,这些都成为家族制企业生存发展的条件。于是,家族式管理也理所当然成为民营企业中客观存在的一种管理方式,它与家族制企业相适应。很显然,在家族制企业里,家族式管理方式更加有效、方便、简单。首先,这种管理方式是以亲缘关系为链条形成的,它有着强大的内部向心力和凝聚力,有利于家族成员参与管理的积极性,在很短的时期内迅速增强企业的竞争力,快速完成资本积累。其次,家族式管理方式的结构简单,无须太多的激励等措施,要求企业老板有远见卓识和把握机会的能力,而不需要太强的企业内部管理能力。

当然,随着企业的发展壮大,当企业已走出原始创业阶段,家族式管理的弊端也显露出来了。第一,企业发展规模扩大,管理领域也会越来越宽,家族式监督表现出了很大的不适应。第二,企业发展空间的拓展,逐渐超出了家庭成员可能拥有的经验和知识。第三,伴随着企业的扩张以及集团管理的加强,信息变化更为迅速也更加复杂。这些都对家族式管理提出了很大的挑战。如果家族式管理无法解决上述缺点,那么就会制约民营企业的发展和壮大。因此,对原来的家族式管理进行改革已成为必然,与现代企业制度相结合才是民营企业管理方式的发展方向之一。

2. 存在非民主化管理

民营企业管理多会弱化法制化、数字管理,一味采用模糊的道德精神。很多民营企业的企业文化都是用大一统的道德精神来促成的,而且多是一些大而化之的道德观,基本上都没有建立企业的技术标准。道德立场空泛,势必导致民营企业出现非民主化管理。这种非民主化管理的第一特征是企业管理的独裁,是企业老板"一个人说了算"。可以说,当今的很多民营企业都相当于一个独立的小王国,企业老板在小王国里的地位是至高无上的。

对于企业老板而言,个人经验十分重要,但如今的时代是一个知识爆炸的时代,知识更新的周期越来越短,各种新事物、新现象层出不穷,单单依靠个人经验是无法应付这种变化的。企业老板的素质直接关系到企业的兴衰。一些民营企业的决策失误,通常是企业老板的主观随意性,仅依靠个人经验造成的。另外,员工素质在不断提高,独立意识、自主意识也不断增强,他们已不满足于被动地听从于某个领导。因此,在新形势下,民营企业的决策模式必然要转为民主科学性决策。

3. 管理粗放

总体上而言,中国民营企业管理无论是在理念、风格方面,还是在具体的管理方式方面,都过于粗放,不够细腻。例如,战略是一流的,但实施能力却是三流的;执行具体政策时缺乏细微的监管体系措施和具体可行并可量化的管理政策。

一些民营企业,其管理突出的问题就是其组织内部缺少详细的职务分工和职务分析体系,新员工不清楚自己的责权利。一些民营企业对员工进行目标管理和绩效评估时往往没有具体的数据支撑,结果绩效管理也是走过场而已。

目前,一部分民营企业已经开始按现代企业制度的要求进行管理,规范地分离所有权与经营权,并在所有者、经营者、员工之间建立规范而透明的激励与约束机制,保护各方合法权益,从而不断拓展民营企业的持续发展空间。

4.由冒险投机转向重视企业长期发展战略研究

近年来,一些名噪一时的民营企业之所以快速落败,重要的原因就是经营者缺乏大企业家应有的长远战略眼光。短期的冒险投机应该是权宜之计,其成功的偶然性较强。而随着市场机制的日益完善,竞争的加剧,短期的冒险投机已没有多大的生存空间了。因此,在我国经济转型过程中,优秀的民营企业开始将眼界投向全球,在挖掘本土化优势的基础上,快速学习绩优公司的最佳实践,发现和培育核心竞争力,选择和调整企业发展战略,通过技术、体制和商业模式的创新,提高全球竞争能力。总的来看,这些民营企业的战略选择主要有以下几点。第一,以凝聚力为核心的企业文化战略,营造独具特色的企业文化优势。可以说,企业文化战略是推行"人本管理"的根本措施,民营企业要在未来的竞争中获胜,就必须坚持实施企业文化战略。第二,国际化战略日趋明显。为开拓国际市场,国家出台了很多相关的进出口贸易的规定。例如,1999年初国家颁布了对私营企业外贸自营进出口权的规定,2001年7月国家又进一步修改了外贸进出口权的规定。政策的放开,使得民营企业获得了进出口权,其开拓国际市场的积极性增强。之后几年时间里,民营企业出口总额就已超过集体企业,并继续保持着高速增长的势头。同时,民营企业开始重视到境外投资建厂、设立企业、境外融资、工程承包等。因此，民营企业国际化发展战略是其重要的战略选择。第三，产业整合战略。二十多年来的渐进改革，不但堆积了阻碍经济发展的各种深层矛盾，而且也未彻底改变国有企业运行模式以及政府对经济的管理方式，中国许多传统行业拓展生存空间的难度更大了。信息技术的日益发展，使得民营企业的产业整合成为可能，而我国大型民营企业的战略重点已经转为产业整合与产业重组，大幅度调整国有企业所涉及的产业，使其重新焕发生机。第四，以创新为手段的科技发展战略，营造领先的科技创新优势。随着市场经济体制的逐步建立和完善，民营企业积极引进先进技术和设备，大大提高了劳动生产率，为其发展带来了明显的竞争优势。

5.特别注重市场营销和资本运作

20 世纪 90 年代，中国经济进一步开放搞活，消费者对商品的选择更趋于理性，使得企业间的竞争也更加激烈。企业所处的市场环境已经发生了明显的变化。一些民营企业纷纷转换思路，通过某一方面的营销策划，加速企业发展。民企的营销特色主要体现在以下几个方面。第一，广告。通过成为央视标王，增加企业的知名度和美誉度，推动企业快速扩张。而其他媒体对标王的报道，对企业的宣传又起到了推波助澜的作用，让企业广告的免费搭乘效应愈加明显。通过在电视台的广告轰炸，配合其他平面媒体的协同宣传，从而在短时间内让企业产品迅速畅销。第二，渠道。一些民营企业利用国内廉价的人力资源，依靠人海战术，走低端路线，或从农村走向城市，或从三、四级城市渗透到大城市。第三，价格战。价格战利用高超的成本控制，抢占市场空间，获取知名度，短时间内市场份额大幅上升。另外，随着我国资本市场的发展，大中型民营企业开始逐步通过资本市场来进行资本运作，实现企业的并购重组，相当一部分民营企业将资本运作战略作为企业经营战略至关重要的内容之一。

改革开放三十多年，民营企业的投资领域、投资渠道和投资方式也出现了重大变化,民营企业不但开始投资于金融企业,投资于股票、证券(包括国债)等金融资产,还投资于产权市场,通过产权交易和企业并购,获得产业能力。这些都体现了民营企业资本动作能力的增强。

第二节　民营企业管理的发展历程

民营企业管理的发展历程与民营企业的发展历史相关联,但比后者稍晚,如果从改革开放算起,归结起来可分为三个阶段,在每个阶段的管理重点和表现是不同的:初期是经验管理,成长期是准科学管理,成熟期是文化管理。

一、初期的经验管理(1978—1991)

改革开放之前,我国经济长期低迷、短缺,市场较为萧条。因此,改革开放的初期,各个行业都是处于起步时期,市场空间也很大。当然,我国的政策和法规也不完善,但也仍然阻挡不了一些胆子较大,且有经济头脑的人创业,只不过是地下或半地下的。由于他们抓住了市场和政策的空子,也捕捉到了机会,很快就挖到了第一桶金,甚至一些人因此成名。

这个时期,民营企业的生产几乎都是家族作坊式的,产量是第一目标,只有这样才能快速地满足压制许久的市场空间,快速赚取到"第一桶金"。家族式的民营企业,其初创时期的经营和发展主要依靠老板的个人经验,管理还不规范,也没有建立起相关的基本规章制度,毫无管理理念,员工的工作动力或者是源于对老板的崇拜,或者是碍于亲缘关系。不可否认,这种以个人经验为主的家族式管理对企业发展初期的资本积累还是很有利的。但是进入企业化运作阶段后,这种做法对民营企业的发展就形成了制约力量。

在这一阶段,民营企业基本上是人治管理模式,创业者扮演着重要的管理者角色。但是,大多数创业者的学历不高,很难进行规范化管理。而且由于企业本身的规模也不大,因此也不太需要正规企业通行的计划、组织、领导、控制和激励等管理制度,也还不懂得应用现代管理理论。

另外,这个时期的很多民营企业之所以能够获得成功,有时候更多的带有投机色彩,它不需要太高的管理水平,只需要企业老板敏锐的市场判断和高超的市场运作,抓住好产品好项目,就能极大地增加成功的可能性,这种带有浓厚投机色彩的成功,现在看来可以称之特殊时代民营企业的"红利"。

由上述可见,民营企业管理在初期几乎是经验式的,管理和战略的作用几近于无。

二、成长期的准科学管理(1992—2001)

初期,民营企业发展受到了各种不公正的待遇和压力。邓小平的南巡讲话之后,民营科技企业得到了政策的强有力支持。民营企业充分利用了计划经济向市场经济体制转化中大量的商业机会,因此也获得了巨大成功。在此过程中,民营企业的管理水平也逐渐提升。

1992—2000年期间,国家法律确认了个体经济和私营经济的合法地位,民营企业也因此获得了很大的发展机会。然而,随着民营企业的发展壮大,一系列难题也接踵而来,不但要面临逐渐恢复元气的国有企业的竞争,还要面临跨国公司的挑战;企业运行过程不畅,人才短缺,未建立起配套的管理制度,考核与激励机制呆板等,这些问题都制约着民营企业的发展成熟。在这样的复杂形势下,民营企业势必要开始新一轮的探索。于是,民营企业逐步由个人经验管理向规范的科学化管理过渡。在此阶段,为了在管理竞争中胜出,有相当多的民营企业开始有意识地摆脱小生产观念,不拘一格纳贤才,或者与专家合作,或者聘请专家作为企业顾问等形式,规范管理,逐步走上科学化管理之路,规避市场风险。在这一阶段,大部分民营企业的科学管理比前一阶段的经验管理要严格,并结合自身的实际情况,创造出一些各具特色的管理模式,如家族式管理、独裁式管理、军事化管理、人性化管理、校园式管理。

(一)家族式管理

早在改革开放初期,民营经济就表现出自己的优势,即结构简单灵活、决策迅速。这主要得益于民营企业家庭式的分工合作。而到了成长期,随着盈利不断增多,资本也逐渐扩大,作坊式的民营企业也逐渐扩张成公司,家族成员对企业仍然拥有绝对的控制权和经营权。家族的亲戚们在民营企业中仍占据着重要职位,他们以家族利益为首,信奉"非我族类,其心必异"的教条,排斥非家族成员。基于这种制度文化,民营企业在成长到一定的规模后再进行扩张就遇到了巨大的阻力,家族成员之间的各种矛盾升级,经营者与员工的矛盾还会使企业产生各种危机。

(二)独裁式管理

国营企业的管理结构复杂,职能重复,面临各种权力因素相互纠缠的问题,从而降低了决策效率。与之相比,民营企业则在决策方面表现出了明显的灵活、迅速优势。这一优势往往来自于民营企业的独裁式管理。特别是在改革开放之初,市场经济极不完善,独裁式管理的优点更为明显。因为当时的中国市场尚属于卖方市场,民营企业的"独裁者"依靠自己的智慧和经济头脑获得了成功。但是,当市场趋于饱和,走向买方市场时,独裁式管理已经不能适应复杂的市场操作。这种管理方式由于缺乏必要的监督和决策支持,往往使得民营企业一旦不慎就落败。

(三)军事化管理

一些民营企业引进军队的管理方法、管理模式及管理经验,结合企业实际情况,运用到企业的各项管理中,并用军队的管理思想教化员工,以期提高员工的执行力。短期来看,军事化的企业管理的确可以调动员工的热情和积极性,并能迅速占领市场。三株公司的总裁吴炳新和巨人集团的董事长史玉柱非常崇拜毛泽东,他们在企业管理、营销方面都对毛泽东的军事作战思想和解放军的军队建制进行借鉴,甚至到了模仿的程度,把商场当成"战场"。特别是在营销管理方面,他们实行中央集权,自上而下的直线式负责制,带来了即时效益,实现甚至超出了预计的营销目标。

长期看来,军事化的企业管理也存在着本质的缺陷。首先,军事化的管理对内强调员工的服从,久而久之就会压制员工的创造性和积极性,最终企业也就完全成了老板的执行机构、工具,毫无生气。其次,战场和商场也是有很大不同的,战场上只有赢和输,商场上存在着"双赢",如果只把商场当战场,打击对手毫不留情,最终也就会导致全行业的恶性竞争,对整个国民经济的发展是非常不利的。例如,吴炳新的三株公司采用军事化营销管理时经营过度扩张,管理资源全面透支,随后销售额也就逐步滑落。史玉柱的巨人集团采用军事化营销管理时,即时效益非常明显,但最终由于战线过长、管理失控而落败。对此,一些民营企业开始实施半军事化管理,取得了比较明显的成绩,典型代表如联想集团的"斯巴达克方阵"管理模式。

(四)人性化管理

随着社会文明的进步,人们越来越推崇以人为本的理念。民营企业要发展壮大,也开始在管理过程中注意人性要素,充分开掘人的潜能,既重视物质奖励,也注重精神奖励,给员工提供各种成长与发展的机会,为员工制定生涯规划等,以取得企业与个人的双赢。实行人性化管理的典型代表应该就是华为公司的"食文化"了。华为奉行的"食文化"并不是简单意义上的海吃海喝、以食为享受的文化。在日常工作中,华为公司的员工多为单兵作战,互相之间的交流限制很大,这显然不利于人才个性化思维的碰撞,更难以增强员工的创造性,严重的还会产生隔阂。对此,华为公司欲通过"吃饭"改变这一状况,于是产生了特有的"食文化"。可见,华为公司的"食文化",其目的并不是"食",而是"食"过程中人与人之间的意见交流,以及培养出来的融洽关系。

(五)校园式管理

校园的管理文化氛围是自由宽松的,充满实干主义。有些民营企业也借鉴、参考了校园式管理模式,以激发员工的创造力和激情。采用校园式管理的企业多为民营科技企业,因为这些企业要在科技上有所创新,就离不开员工的创造力和激情。福建实达集团是一个高新技术企业,聚拢了众多的年轻人,公司为营造校园般的文化氛围,积极引入具有年轻人气息的文化形式:员工上班着装可随意;高层和一般员工都经常光临外面的小店;公司的"网上论坛",发表的文章可五花八门,言论自由且激烈……这些都让人感受到了随意性的校园文化气息,使得企业的行动也充满了生机。

三、成熟期的文化管理(2002年至今)

从20世纪末21世纪初开始,世界经济进入"全面竞争"态势,中国市场的竞争也因此更加激烈,这特别地集中表现在民营企业的产业上,如加工制造业、房地产、服装、IT等。在这个阶段,相当多的民营企业家真正开始将眼光放远,关心企业的长远发展,关心如何使企业"长青"。一个企业想要取得全面成功,单单依靠严格的管理和简单地模仿别人是不行的,它应该要具有自身的特点,经营理念和经营哲学自成体系,拥有自己的独特文化。可以说,拥有独特企业文化的民营企业就拥有很强的内部凝聚力,在竞争力上也就拥有优势。很多民营企业从准科学管理向文化管理阶段迈进时,说明其已经进入成熟期了,其规模都不会太小。此时,民营企业的严重问题就是制度解决不了的那些问题,于是凝聚人心的企业文化管理方法也开始彰显自己的重要性了。企业文化包括企业使命、价值观,它可以使真正的人才觉得自己是企业的一员,感到自己身上的使命感和归属感,这也成为企业吸引高级人才的竞争优势。

和其他硬邦邦、冷冰冰的制度管理相比,民营企业文化管理是"软管理""软科学"。在企业管理变革过程中,企业文化通过各种"软"的凝聚和激励企业员工,使他们为使命感、为实现企业目标和自身价值而努力。在这时期,许多民营企业开始推行企业文化变革,其内容主要包括企业理念文化变革、企业制度文化变革、企业行为文化变革、企业形象塑造。

(一)企业理念文化变革

只有新的理念,才能产生新的文化。只有变革的思维,才有变革的行动,也才有成功的可能。例如,雀巢公司奉行的理念为"Good food,Good life";沃特·迪斯尼公司奉行的理念是"我们想要一个有意义的公园,一个使家庭团聚的地方";摩根公司奉行的理念为"危机之中自有良机";SONY公司奉行的理念为"产品与产品的差异,在于细节"……这些理念造就了全球最佳企业和最卓越的企业管理者。

(二)企业制度文化变革

企业理念变革引导企业管理变革,但企业文化变革也离不开企业体制和机制的变革。在企业制度变革中,应建立健全现代企业制度,公司治理措施完善,企业决策者、管理者之间及其与企业员工之间应该得到有效沟通。为使通用公司在世界竞争中胜出,杰克·韦尔奇发起压缩公司的规模,减少层次和流程,实行垂直为主的矩阵式、扁平化组织管理,激发管理者与员工的热情;减少过去企业管理的控制性、干预性、约束性措施,增加协助、激励和教导式措施,规定经理人员必须要认真倾听员工的声音和需求。

杰克·韦尔奇认为,管理者不应该陷入过度的管理之中,而是要清楚地告诉员工怎么样才能做得更好,为激发员工的努力而描绘出远景构想。

(三)企业行为文化变革

企业文化的作用是显而易见的,如果它能激励企业员工的主动性、积极性,协调企业员工的行为方式,即使市场环境发生变化,它仍然能够促进企业经营战略和行为方式的有效变革,从而不断提高企业经营业绩。这是美国企业文化研究奠基人约翰·科特的重要观点。

当然,企业文化变革要想取得成功,除了需要企业高层管理者的倡导和推动,还需要中下层企业管理者以及全体员工的积极参与。

(四)企业形象塑造

企业文化的外显形态表现为企业形象,有什么样的企业形象,取决于有什么样的企业文化。在市场上,企业形象即代表了企业品牌。企业形象最终要表现到人身上,表现到企业员工身上。因此,要树立企业形象,就要从培育企业员工入手,从培育企业人入手。在企业管理变革过程中,重要的内容就包括树立和维护良好的企业形象,扩大企业的知名度,提高企业的美誉度,创造企业的品牌价值。

总的来说,成熟期的民营企业管理,其显著特色就是用以凝聚力为核心的企业文化战略,营造独具特色的企业文化优势。可以说,企业文化战略是推行"人本管理"的根本措施,它可以促使民营企业在未来的竞争中获胜。

值得一提的是,为配合文化管理,民营企业管理也在其他一些方面取得了进展,主要表现为以下几方面。

1. 关注技术创新

我们可以看到,在过去的民间投资热潮当中,大部分民营企业的技术创新主要是通过引进与新产品和新技术有关的机器设备而实现的。如果市场上存在着绝对的空白,可以给前期投资者带来巨大的收益,从而吸引更多的投资者,其创新是模仿式的、跟踪式的,供给空白也因此吸入了大量的资金。而从当前的情况来看,市场逐渐走向饱和,创新空白也因此减少,降低了投资收益,于是不少的优秀民营企业将投资重心纷纷转向了原发性技术创新,为此还设立了专门的投资基金,引进高级人才,加大研发力度。

2.注意"家族制"弊端,努力克服,创新管理

在初期,市场存在很大的空白,相关的法律规范也不完善,使得很多民营企业得到了超常规发展,之后,管理创新也遭遇了一系列的障碍,特别是家族式的管理模式在很大程度上制约了民营企业的发展壮大。随着企业的规模增大,配备的人员数量也越来越多,民营企业的规模效益愈加凸显,企业利润膨胀。此时,民营企业无论是在生产管理方面,还是在市场营销方面,其运作都迫切需要高水平的专业人才,而家族制却形成了重要的制约因素。

在管理创新方面,一部分民营企业也清醒地意识到,家族式管理只不过是企业成长的一个过渡阶段,最终还是要分离企业的所有权和经营权,采用现代企业管理制度,进行科学的决策、激励和约束,这样企业才能走得更远。

3.建设学习型组织

系统经过整合后,企业的核心竞争力才凸显出来。特别是在现代科学技术、信息技术革命的大背景下,社会经济发展迅速,社会瞬息万变,企业只有不断地学习,才能适应社会的发展趋势,满足社会需要。对此,相当多的优秀民营企业也意识到了,他们为使企业保持永久的竞争力,加大企业的发展后劲,孜孜以求,勤于学习,善于借鉴优秀企业的管理经验,促使自己的企业员工不断更新自己的知识结构,发挥潜能,使企业处于一种不断学习、不断

创新的良性循环之中。学习型民营企业的老板积极改变思维方式，扩大眼界，拓展企业发展空间，同时也为下属树立榜样，激发、指导员工的学习互动。

第三节 民营企业管理的误区

20世纪80年代，民营企业崭露头角，之后在我国国民经济发展过程中一直扮演着重要角色，曾经大红大紫，而后又迅速偃旗息鼓。回顾历史，存活至今的优秀民营企业屈指可数，更是出现了"强者更强，弱者更弱"的现象。众多民营企业之所以如此短命，其重要的原因就是民营企业管理水平低，其中隐藏的危机往往又被忽视，导致企业快速成长发展壮大后又迅速落败、消失。这种情况还是具有一定普遍性的。据学者的研究考察，大多数民营企业在管理方面存在不少的误区，如战略缺失，偏重扩张而轻人才，缺少危机管理意识，过分依赖政府，把家族式管理混为家长制管理，忽视企业文化建设等。

一、战略缺失

对于企业来说，战略就是面向未来的资源配置，是决定全局的发展思路。整体上看，民营企业发展的主流仍为机会导向，战略存在着严重的趋同化，与跨国公司的战略相比远远不是一个档次上的。民营企业应该认识到，产品种类单一、可替代性强的OEM生产战略不是长远之计，要持续发展就必须要进行战略管理。2003年非典期间，很多民营企业就暴露出了抗风险能力差的弱势。这就是因为很多民营企业缺乏战略管理，把多元化当战略。

（一）大多数民营企业缺乏战略管理

缺乏战略管理，导致很多民营企业不能得到持续发展。所谓战略管理,既包括战略制定,也包括战略实施的过程。战略管理一般包含四个关键要素,即战略分析、战略选择、战略实施、战略评价和调整(图 1-1)。在创业初期,很多民营企业基本上没有自己的发展战略,其决策几乎是凭经验,较为随意,战略管理无从谈起,因此也非常容易导致企业迅速灭亡。

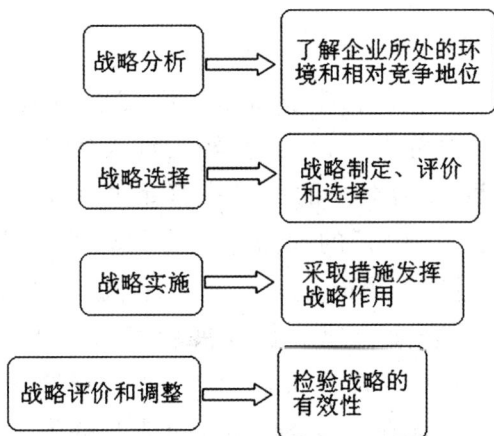

```
战略分析      →    了解企业所处的环
                  境和相对竞争地位

战略选择      →    战略制定、评价
                  和选择

战略实施      →    采取措施发挥
                  战略作用

战略评价和调整  →   检验战略的
                  有效性
```

图 1-1

实际上,很多民营企业的首要目标就是生存,只有生存下来了才有发展可言,最起码是在创业初期,只有战术,没有战略。联想集团在企业创立阶段时,不仅毫不起眼,而且每时每刻都面临着生存的问题。为生存,联想甚至倒卖家电、旱冰鞋、布匹等,后因为偶然的机会,为一个单位进口的几百台电脑进行验机、维修和使用培训,企业才有了转机。

然而,从当前的情况来看,民营企业要想获得进一步的发展,必须要进行战略管理。这主要是因为以下几个原因。

第一,国家扩大了民营企业进入行业范围,这就迫切要求民营企业推行战略管理。回顾历史可以发现,国家每一次调整民营企业发展政策时,都促使民营企业扩张式发展。当然,扩张并不是简单地将若干业务相加,而是以提升综合竞争力为目的。民营企业要进入什么行业、何时进入,都要依据一定的战略管理思想,围绕企业本身的发展战略展开。通过战略管理,民营企业对自己所处的环境、所掌握的资源、所拥有的优势、存在的弱势,都要进行分析,以确定自己的战略目标,围绕目标,在合适的时间进入合适的行业,从而提高成功的可能性。

第二,民营企业已经进入一个全新的发展阶段,需要推行战略管理。经过多年的发展,许多具备一定规模的民营企业开始从过去依靠自身积累投资转向"再整合"社会资源投资,也不再是增量投资,而是存量资源重组。例如,许多民营企业收购产权、参股、控股,以增强自身的竞争力,实现自身的发展壮大。应该看到,在全球化经济发展的背景下,国家允许境外资本进入许多行业,因此民营企业不但要与国内的企业展开竞争,还要与跨国公司展开竞争。外资企业选择市场和行业通常是围绕自己的战略目标进行的,所以,民营企业与之竞争的实质是战略的竞争。对此,民营企业应该要彻底摒弃过去的粗放型发展模式,必须要推行战略管理,否则在与跨国公司竞争中就难以胜出。

(二)把多元化当战略

一些民营企业刚在市场上站稳脚跟,就开始醉心于多元经营,其理论基础就是所谓的"鸡蛋"理论。"鸡蛋"理论的核心就是:鸡蛋要放在许多篮子里,以减少损失,降低风险,扩大企业利润来源渠道。但是,他们没有看到,"鸡蛋"理论的假定条件是要具备能挎动多个篮子的能力。

企业只有具备一定的条件才能进入一个新的行业,才能增加成功的可能性。这一系列条件包括决策者和经营者丰富的知识经验、较强的接收信息能力、充足的资金、优秀的人才、优厚的人脉资源等。如果还没具备这些条件,只看到了新产业中的高利润,而且还带着一系列未解决的矛盾进入新的行业,落败也几乎是必然的了。

对于财力雄厚的大集团来说,多元化战略使其扩张的有效性更高。但从现实的情况来看,它对于民营企业来说并不能算是一种成熟的经营模式,其本身存在着很多弊端。第一,多元化战略很多时候导致民营企业陷入债务的泥淖之中。面对日益激烈的市场竞争,任何产品要想在当中占有一席之地并获取利润,企业必须要达到一定的生产规模,也就意味着要投入大量的资金。这又迫使企业负债,一旦失败,其债务负担也就越来越沉重,很容易使企业深陷入债务陷阱。第二,多元化战略使企业多产品线使用同一品牌,扩大企业知名度,但这多个产品线也因此形成了一个命运共同体,某一个产品一旦出现质量问题,势必影响本品牌的其他产品,从而也就加大了保持品牌信誉的难度。这就要求民营企业回归到专业化道路上来,毕竟专业化是市场经济发展的必然规律。当今市场竞争激烈且变幻莫测,盲目扩张、片面信奉多元化的企业与一个专注的企业竞争往往处于劣势,因此民营企业一定要找准合适自身发展的核心业务。

二、偏重扩张而轻人才

市场竞争终究表现为人才竞争。很多民营企业缺乏发展后劲,就是因为突出的人才问题:高端人才少、吸引力不足、人才流动过于频繁,管理手段也颇为单一等。很多民营企业,其事业高速发展,规模不断提升,但在人才培养、引进方面表现落后,结果导致财务资本增值速度超过人力资本增值,管理成本大大增加。大部分民营企业只有人事管理而没有人力资源管理,有招聘活动而没有人才储备和培养机制。因此,民营企业的管理抉择要在"人"上做长远规划。具体说来,民营企业人力资源管理方面存在的问题突出地表现在:难招人、难管人、难服人、难用人。

(一)资源匮乏,难招人

正处于发展之中的民营企业,在招人方面存在着一个很大的矛盾。一方面,企业内部资源捉襟见肘,迫切需要高级人才进行整合和创造;另一方面,正是因为企业资源匮乏,难以招到高素质、高知识、高能力的人才。在当今双向流动、双向选择的现代社会里,"三高"人才往往能够充分了解、掌握自己的职场竞争力和从业背景。排在世界前列、国家前列的大型民营企业,其品牌响亮、待遇优厚、管理规范、发育成熟,自然容易招到拔尖人才。但这样的民营企业毕竟是少数的。正处于发展之中的民营企业与之难以相抗衡,在"三高"人才的吸引力上势必逊色不少。这种"难招人"的状况又进一步制约了企业的发展和资源积累的速度,从而使企业进入恶性循环之中。

(二)规则混乱,难管人

俗话说,无规矩不成方圆。民营企业管理也是如此,要使得管理有效,必须要有清晰的游戏规则,而企业要得到有序运作,离不开清晰的管理制度。正处于发展之中的民营企业,人力资源制度本来就不完善,因此也就经常遇到下列问题。

第一,管理层次及职权分配不明晰,管理人员之间的协同性较差。

第二,由于缺乏明晰的管理制度,处理问题时更多的是"人治"。管理人员只能随着企业老板的喜好开展工作,凡事让企业老板亲力亲为,等其发号施令,而那些希望企业能够进行规范化管理的人则吃力不讨好。

第三,采用家族式管理模式的民营企业,也会时常发生家族内讧。这突出地表现在接班人的选定、财富的分配等方面,家族成员为争夺企业利益而明争暗斗,很不利于企业的发展壮大。

(三)奖惩失衡,难服人

奖惩与企业员工的利益息息相关,而且员工实际上也并不仅仅希望得到高薪水,获得经常性的奖励,而是希望企业能创造一个公平合理的竞争与成长环境。因此,一定要慎重界定奖惩制度和具体实施,尽可能量化界定员工的薪资待遇及奖惩,这都离不开科学的绩效考核与评估体系。在不违背企业利益的大前提下,本着公平、公正、合理的原则,建立有公信力的薪酬及奖惩制度,真正"服人"。但是,很多民营企业机会就没有具体的薪资待遇和奖惩制度,奖赏无原则,奖惩失衡,这严重打击了员工的积极性。

(四)机制无序,难用人

在初创期,很多民营企都是靠亲朋好友投资兴办起来的,待企业发展到相当规模,其"家族化"烙印仍然存在着。这些创始人在企业成长起来后,往往又会成为企业的既得利益者以及特权阶层。他们时常利用自己的特殊身份,将一己私利凌驾于企业利益之上,由此也极大地阻碍了企业的发展壮大。这样加之民营企业还未建立起良好的、依托于现代经营管理体制之上的用人机制,还做不到"用人唯贤,人尽其用",那些虽然不是特权阶层的人,但能力又很强的员工受到了压制,才干得不到施展,导致企业人力资源流动频繁,企业的成长因此受到了很大的影响。

三、缺少危机管理意识

现代经济社会发展迅速,企业经营环境变幻莫测,稍有不慎,民营企业随时都可能产生危机。如果缺乏危机意识,等危机出现时才急忙寻求解决之道,基本上已经是于事无补了。大多数的民营企业就是这样缺少危机管理意识,当危机来临时,或者是心存侥幸,或者是只能一味地躲避危机,或者管理者互相推卸责任,或者管理者互相隐瞒事实。

(一)心存侥幸

同行或竞争对手一旦发生了危机事件,民营企业在时间或区域方面没有亲身的体验,还会产生侥幸心理,认为危机事件既然不是本企业的危机,与自己无关,因此任由事态的发展。例如,2008 年,三鹿"三聚氰胺奶粉"事件中,很多正规的奶粉民营企业心存侥幸,认为那是非本企业的产品,与己无关。结果,"三聚氰胺奶粉"事件之后,消费者对国内的奶粉企业普遍不信任,由此严重打击了名牌奶粉企业。

（二）躲避危机

很多民营企业一旦发生危机事件，不是积极地面对，迅速启动危机公关，而是采取鸵鸟政策，千方百计躲避媒体的采访，也不配合媒体进行舆论的疏导，不积极向公众发布相关信息，这样只能让自己陷入更深的危机之中，严重影响企业的发展壮大。

（三）推卸责任

当危机来临时，民营企业抱着推卸责任的态度，不告知媒体、公众事件的原委，认为一旦公布就影响企业产品的销售。这种消极的心态是错误的，毕竟世界上没有不透风的墙，纸终究包不住火。从长远来看，事件原委终究会被曝光，到那时，企业就会失信于公众，失信于自己的消费者，失信于媒体，本企业也因此难以在社会立足，甚至有可能触碰法律，受到法律的制裁。

（四）隐瞒事实

正所谓，"好事不出门，坏事传千里""家丑不可外扬"，这些观念也被民营企业应用到了企业管理当中，一旦出现危机事件，总是想方设法隐瞒事实，结果通常是造成比危机本身更为严重的影响，甚至造成信任危机事件。

很多民营企业在发展过程中都要承担很多风险，企业管理中的重要内容就是如何规避高风险，而危机管理恰恰可以在这方面发挥重要的作用。

四、过分依赖政府

在中国，民营企业老板关系网中的官员级别，与企业规模大小呈正比例关系。老板结交的官员级别低，通常说明其企业规模小；老板结交的官员级别高，通常说明其企业规模大。很多民营企业老板花费大量的时间、精力、资源来处理与政府官员的关系。

对于民营企业来说,有了政府官员的庇护,可以在一定程度上规避一些来自政府方面的风险,但显然这也不是长远之计。从某种程度上来讲,民营企业老板通过政府官员确实避开了一些经营上的风险,但也因此加大了政治上的风险。民营企业与官场走得越近,就越接近官场的核心,也就更容易获取最大的利益,但二者也因此结成一种利益联盟。众所周知,政坛比市场更加变幻莫测,官员一旦在政治斗争中落败,或者被发现滥用权力,这势必影响民营企业的利益,甚至有可能使企业走向灭亡。"官商"关系若即若离,并以良好动机作为出发点,才能真正实现双赢。

五、把家族式管理混为家长制管理

在现代民营企业中,家族式管理仍有存在的合理性,但它不同于家长制管理。家长制管理中的"家长",其权威是至上的,不可反抗,不可更改。在瞬息万变的经济全球化时代背景下,民营企业采用家长制管理与现代化企业制度格格不入。现代企业讲究的是兵团作战,确实也离不开指挥员的果断、坚定,但与家长制有着本质上的不同。家长制管理更多的是依赖"家长"的经验和权威,在面对复杂环境时无法进行民主化、科学化的管理,缺乏应有的监督体系,这就很容易造成决策失误。"家长"意识过于强烈,使得企业缺乏自己的管理团队,"家长"带着一群人,"家长"对即企业对,"家长"错即企业错。"家长"意识过于强烈,还促使企业形成独裁文化。一个企业里,只能听从一个人的意见时,管理危机也往往随之产生。而现代民营企业要想获得长远的发展,壮大自己,必须实行民主化、科学化的管理,以增强适应环境的能力,减少决策失误。

然而,很多民营企业发展壮大,其管理制度却没有规范起来,管理方式仍是老板"一言堂"式,管理全凭老板一时好恶,随意性大,导致管理失控,从而影响了企业的健康发展。从现代企业所处的国际和国内环境来看,民营企业必须要摒弃家长制管理,实行现代化的管理方式。

六、忽视企业文化建设

诚然,并不是有自己文化的民营企业都可以取得成功,但没有文化的企业基本上不能算是成功的。因此,民营企业要发展壮大,也离不开企业文化先行。民营企业的文化建设是否良好,在很大程度上影响着民营企业的运作与成功。从我国民营企业的发展状况来看,普遍存在着企业文化形式化的现象。实际上,相当一部分的民营企业对企业文化的认识并不全面,也并不深刻,或者说是一知半解。有些人则低估、忽视企业文化对企业发展的价值,以及缺失企业文化所产生的后果,没有意识到企业越大,企业文化就越重要。此外,民营企业经营还富有浓厚的家族式经营色彩,个人独断专行的现象仍然很严重,企业文化几乎就等同于老板文化;管理者的素质普遍不高,民主管理差。民营企业高层领导如果不高度重视这些问题,及时解决这些问题,势必影响企业的发展壮大,甚至很有可能因此使得企业在市场形势变化和经营风险加大时,失去规避、抵抗能力,彻底落败。

可以说,企业文化的核心是企业成员的思想观念,它对企业成员的思维方式和行为方式起决定作用,只有健康的企业文化,才能将每一个企业成员的潜能充分发挥出来,才能将每一个的企业成员的士气激发出来。企业文化属于一种精神力量,对企业起着无形的约束作用,同时又是企业的支柱,它是企业内部团结的纽带,是团队之间相互沟通的渠道,是达成默契的"共同语言"。因此也可以说,一个民营企业确立了健康的企业文化氛围,管理制度没有涉及的领域也可以得到解决;健康的企业文化氛围还能够凝聚企业员工的士气,使其形成一股合力。

第二章　民营企业发展战略管理研究

　　民营企业要想获得长远发展,必须要做好企业的发展战略管理,根据市场大环境来选择和调整企业发展战略,并从理论与操作执行等各个层面积极落实该战略,挖掘企业的发展优势,培育企业的核心竞争力,增强企业的生命力。

第一节　民营企业发展战略管理理论

　　企业战略管理理论是民营企业发展战略的重要理论基础。企业战略管理理论源于 20 世纪 50 年代末期,在经历了四个发展阶段之后,形成了今天的理论体系。本节主要分析民营企业发展战略管理理论的相关内容。

一、企业战略管理的发展历程

　　"战略"原义为"将军指挥军队的艺术",后来被引用到企业文化中,被赋予了新的定义。20 世纪 60 年代,战略管理鼻祖伊戈尔·安索夫提出了产品和市场相匹配的概念,认为:"企业经营战略实质是由四种因素组合而成:现有产品、未来产品、现有市场和未来市场。"[①]1962 年,美国管理学家钱德勒在其所著的《战略与结构:工业企业史的考证》一书中将"企业战略"定义为:"确定企业的长期目标与近期目标,选择企业达到这些目标所遵循的途

---

　　① 昀熙:《伊戈尔·安索夫　战略规划之父》,现代企业文化(上旬),2014 年第 9 期。

径,并为实现此目标而对企业重要资源进行的管理。"①并提出,经营战略要适应环境变化,组织结构必须随战略变化而变化。而美国哈佛商学院教授安德鲁斯则把战略定义为"公司可以做的(Might do)与公司能做的(Can do)之间的匹配(Match)。所谓'可以做'即环境提供的机会与威胁;'能做'即为公司自身的强项与弱项"②。

企业战略管理在五十多年的发展过程中得以逐步完善,其理论大体经历了四个阶段。

(一)第一阶段:以财务控制为主的思想

20 世纪 50 年代末到 60 年代初,企业战略管理思想开始萌芽,产生了以财务控制为主的公司战略管理思想。

这一时期,第二次世界大战结束已有十余年,各国经济已经恢复,并呈现出经济高速发展的时代特征,这决定了企业战略管理要以财务控制为主。

(二)第二阶段:以预测企业外部约束为主的思想

20 世纪 60 年代至 70 年代中期,以财务控制为主的公司战略管理思想逐步发展为以环境评估、市场预测为基础的制定长期战略计划的阶段。

这一时期,企业所面临的市场竞争是"大兵团"作战与集团之间的抗衡,这使得企业的竞争强度大大增强,其发展也日益受到外部环境约束。在这样的大背景下,1965 年,安索夫出版了《公司战略》一书,标志着公司战略管理研究趋向成熟。安索夫的主要贡献有两个,一是将环境、组织、战略模式视为企业战略管理的三大支柱;二是将管理决策划分为战略决策、经营决策和作业决策三个层次。

---

① 鄢建人:《选准发展模式　实现企业战略目标》,现代企业,2014 年第 1 期。

② 项保华,罗青军:《安德鲁斯战略思想及其扩展》,科研管理,2002 年第 6 期。

美国著名的管理学家、波士顿咨询公司创始人布鲁斯·亨德森于 1970 年提出了产品组合评价法 BCG（Boston Consulting Group）模型，如图 2-1 所示。

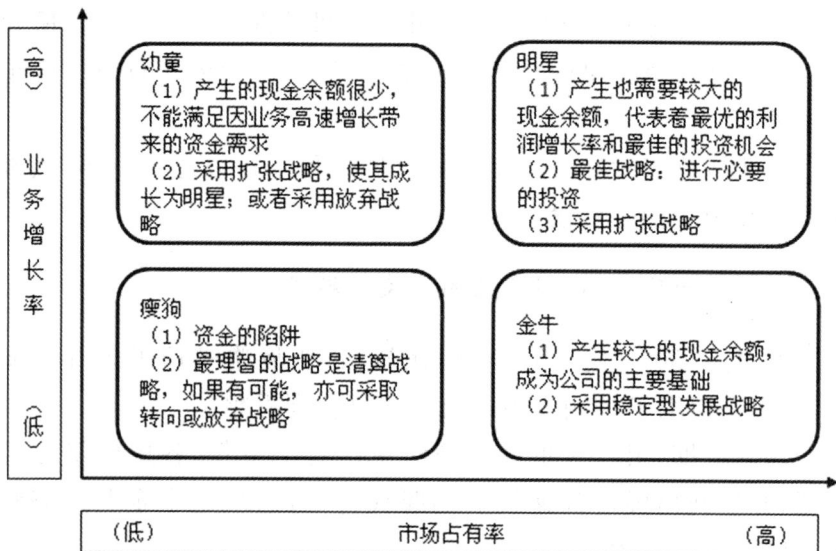

图 2-1

美国著名的麦肯锡管理顾问公司则提出了"7S 分析"方法，即企业发展要全面考虑七个方面的情况——结构、制度、风格、员工、技能、战略、共同的价值观，如图 2-2 所示，集中体现了寻求资源优化配置的思想。

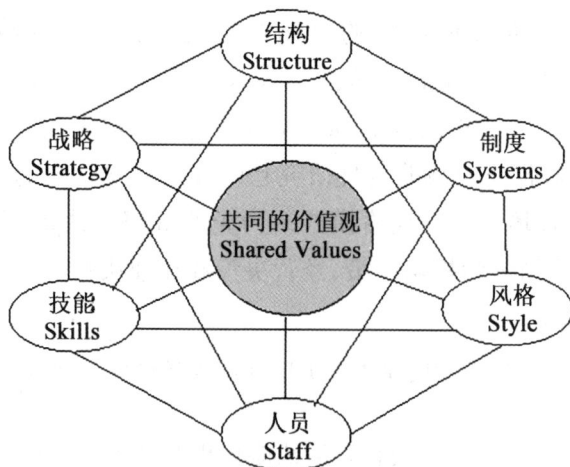

图 2-2

在今天,这两种方法仍然十分实用,极大地推动了企业长期发展战略的制定。

(三)第三阶段:权变思想

20 世纪 70 年代末至 80 年代末,企业战略管理进入权变战略思想阶段,实施更加灵活的竞争战略管理。

这一时期,跨国公司、全球经济呈现出一体化趋势,外部经济环境的重大变化使市场竞争的规模、强度的变化度增大,促使西方企业对长期战略规划的效用有所怀疑,权变的思想逐渐占据主导地位。这一战略管理思想的典型特征是应付市场不断发生的变化和强大的市场压力,创造并维持独特的竞争优势。这一管理思想的代表人物是商业管理界公认的"竞争战略之父"迈克尔·波特。波特认为"企业的竞争战略选择取决于两个基本方面,一个是产业长期赢利能力,另一个是企业在产业内部相对竞争地位。因为这两个方面综合决定了一个企业最终能否获得令人满意的利润"[①]。他主张,企业要想取得竞争优势,就必须理解行业特征,找准企业自身的位置,通过成本优势、差异化优势来获取胜利。

(四)第四阶段:核心竞争力思想

20 世纪 90 年代之后,企业的竞争对灵活性、创造性要求的增大,企业战略分析的视角逐步转向企业内部,企业战略管理进入核心竞争力战略阶段,出现了资源和能力的竞争理论,代表人物为普拉哈拉德和哈默尔。

1990 年,美国管理思想界的专家普拉哈拉德和哈默尔在哈佛商业评论上发表《企业核心竞争力》,首次提出了"企业核心竞争力"的概念:"组织中的共同性学识,尤其是关于如何协调不同的

---

① 于耘:《电力勘测设计院竞争战略探讨——源于迈克尔·波特竞争战略理论的思考》,电力勘测设计,2006 年第 1 期。

生产技能和整合多种技术流的学问。"①1994 年,哈默尔提出了"核心竞争力"的五大特征:"第一,它们是形成有关整体不可缺少的技能和技术的整合,它们不可能存在于单个的个人,源自于各个个人能力和企业系统的结合;第二,它们是基于知识的而不是资产的,它们是活动,是学习的结果;第三,它们有顾客价值,它们是使得企业能够给顾客以基本的顾客利益的技能;第四,它们是独特的竞争,是企业保持对竞争对手充分的优势而必须抓住的核心,竞争对手难以模仿;第五,它们应该给企业以进入新市场的入口,企业必须能够预见到由核心竞争力而生的新产品市场。"②这一观点的提出,有助于人们更好地认识核心竞争力。

1995 年,英国的福克纳和鲍曼出版了《竞争战略》一书,在书中,二人运用客户矩阵和生产者矩阵的分析结构,从一种新角度揭示了竞争战略的基础,探讨了构造资源与核心能力的途径。

二、民营企业发展战略管理的主要流派

在发展过程中,民营企业发展战略管理理论受时代特征和实际需要的影响,形成了不同的学术派别,此处主要介绍其中影响最大的四个派别,即资源配置学派、竞争战略学派、核心竞争力学派和设计战略学派。

(一)资源配置学派

资源配置学派的基本观点是,资源配置问题是企业经营战略的核心,要解决企业经营过程中的所有重要问题,就必须对未来的资源配置及其与外部环境的相互作用进行研究、筹划。这一理论流派的代表人物为伊戈尔·安索夫。

---

① 张建民:《对企业核心竞争力的再认识》,技术经济与管理研究,2011 年第 1 期。

② 同上。

1972 年,安索夫在《战略管理思想》一文中正式提出了"战略管理"的概念。之后,他又系统地提出了战略管理模式:"战略行为是对其环境的适应过程以及由此而导致的企业内部结构变化调整的过程。"①他还提出了企业经营战略的四因素,并由此形成了著名的"安索夫矩阵",如图 2-3 所示。

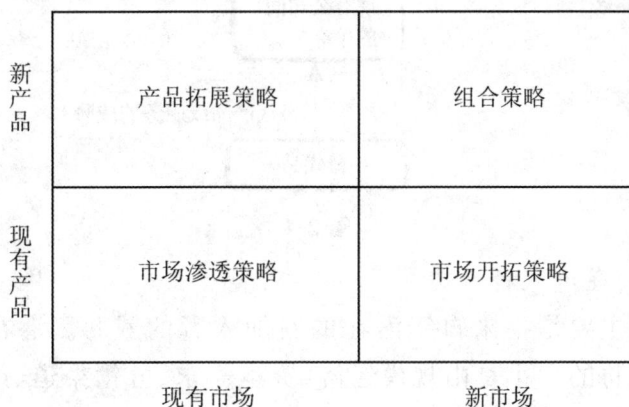

新产品	产品拓展策略	组合策略
现有产品	市场渗透策略	市场开拓策略
	现有市场	新市场

图 2-3

(二)竞争战略学派

竞争战略学派的观点主要是从产业的视角来看待企业战略,能够认识到企业只追求市场占有率的局限性,能够看清竞争对手的反应,从而提出培养竞争优势的方法。这一学派以迈克尔·波特为代表,其主要战略理论包括五种行业竞争力分析模型和价值链分析模型。

1.五种行业竞争力分析模型

为分析企业竞争规律,波特提出五种竞争力模型,这五种竞争力是:潜在进入者、现有公司之间的竞争、替代品或服务的威胁、买方议价实力及供方议价实力。它们之间的关系如图 2-4 所示。

① 耿弘:《企业战略管理理论的演变及新发展》,外国经济与管理,1999 年第 2 期。

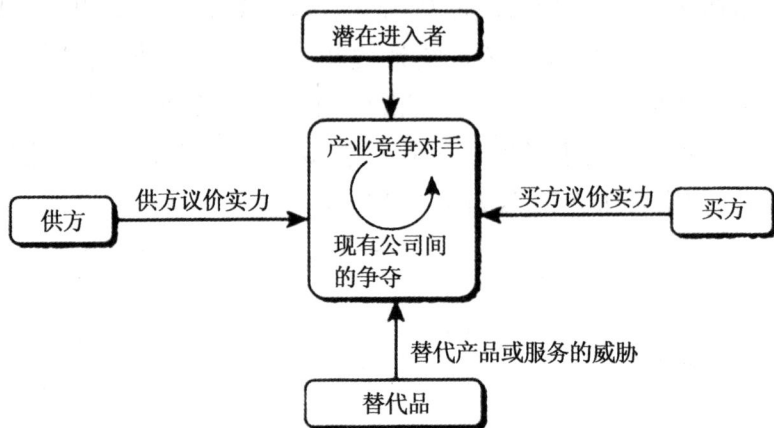

图 2-4

（1）潜在进入者

这里主要是指来自于潜在的新加入者的威胁。潜在进入者带来的威胁的大小是由规模经济、资本需求、分销渠道、产品差异化、转换成本、现有竞争者反击的强烈程度等决定的。

（2）现有公司之间的竞争

这主要包括三个方面。

第一，行业竞争手段和退出壁垒。

第二，行业集中程度或者市场垄断程度。

第三，该企业在行业中所处的地位，如是领先者，还是追随者，抑或是补缺者、挑战者等。

（3）替代品或服务的威胁

替代品特别是技术替代型产品或服务，是企业发展不可忽略的因素，如彩色电视机替代黑白电视机等。

（4）买方议价能力和供方议价能力

作为企业的上下游的连接方，买方和供方对于企业非常重要，一旦它们联合起来形成联盟或者集团，就会对企业的生产、经营结构造成威胁，企业在制定战略时就必须认真地考虑了。

五种行业竞争力分析模型是最为流行的一种分析工具，扩充了竞争分析的领域，常被用于民营企业投资项目的可行性研究和编制商业计划书的前期研究中。

2.价值链分析模型

价值链分析模型也是波特提出的,如图 2-5 所示。

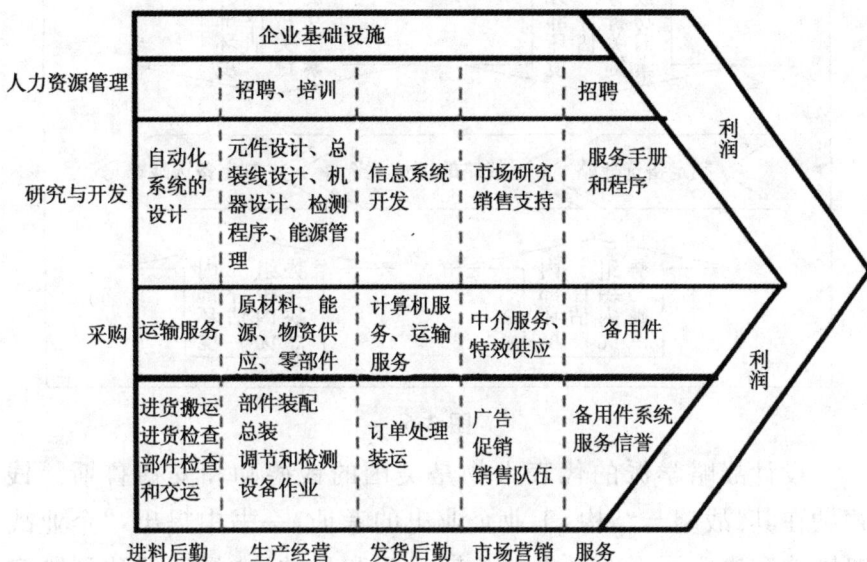

图 2-5

波特的价值链分析模型列出了企业的总价值,包括一系列的价值活动和利润,为企业提供了分析自身竞争优势的方法,能够帮助企业发现决定竞争优势的差异所在。

(三)核心竞争力学派

自从普拉哈拉德和哈默尔在《哈佛商业评论》上发表了《公司核心竞争力》一文之后,核心竞争力学派就逐渐占据了主流。在民营企业的实际运作之中,人们也认识到了企业核心竞争力的重要性,认识到企业只有形成了自己的核心竞争力之后才能获得持续的竞争优势,才能战胜竞争对手,获得健康发展。由于前文对核心竞争力已有详述,此处就不再赘述。

(四)设计战略学派

作为企业战略理论的基本理论学派,设计战略学派形成于 20

世纪 60 年代,其基本观点是企业战略的主题是确定和实施企业的长期目的和目标,其基本模型如图 2-6 所示。

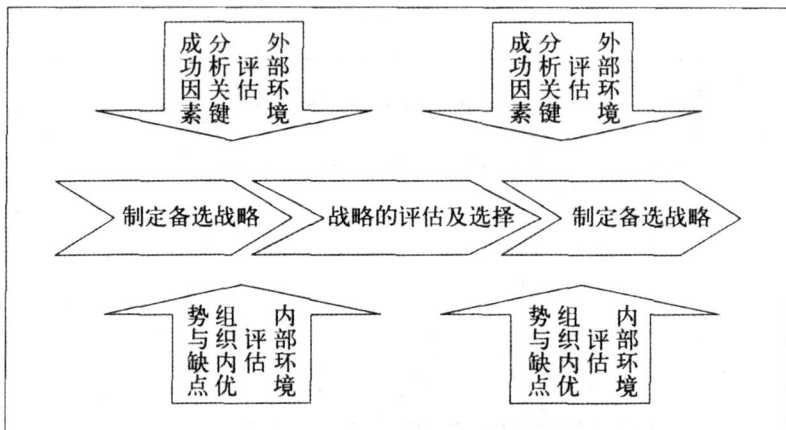

图 2-6

设计战略学派的代表人物是美国的钱德勒和安德鲁斯。钱德勒在其《战略与结构:工业企业史的考证》一书中提出,"企业战略影响和决定了企业基本的长期目标和目的,选择企业达到既定目标的路线途径,并为实现这些目标和途径对现有的资源进行最优化配置"。[①]

1971 年,安德鲁斯出版了著作《经营战略论》,指出:"战略是由目标、意志或目的以及为达到这些目的而制定的方针、计划所构成的一种模式。人们可以以某种方式用战略来界定一个公司所从事的或者应该从事的经营活动,以及该公司所属的或者应该所属的类型。"[②]

第二节　民营企业发展战略的分析与选择

民营企业的发展战略就是回答"企业是什么、企业的未来应

①　李亚:《民营企业管理概论》,北京:机械工业出版社,2006 年,第 44 页。
②　同上。

该是什么样"的问题,要做好这一点,必须要立足于企业自身利益和可持续发展目标,以企业自身优势和所面临的环境为分析依据,以有效协调自己与社会的相互关系为基础。本节就主要阐述民营企业分析、选择发展战略的相关内容。

一、民营企业发展战略的分析

(一)民营企业发展环境分析

民营企业所面临的经营环境是其生存与发展的基础。环境是一把"双刃剑",它不仅影响着企业的活动与生死存亡,也受企业的影响,这就要求民营企业要对经营环境进行详细分析,在积极利用环境所提供的机会的同时对环境施加影响,使环境朝着对企业有利的方向变化发展。具体来说,民营企业分析自身的经营发展环境,可以从以下几方面入手。

1.外部总体环境分析

民营企业的外部总体环境主要包括广阔的社会环境中影响该企业的各种因素(图 2-7),如社会方面、经济方面、技术方面、法律与政策方面、全球环境方面等。

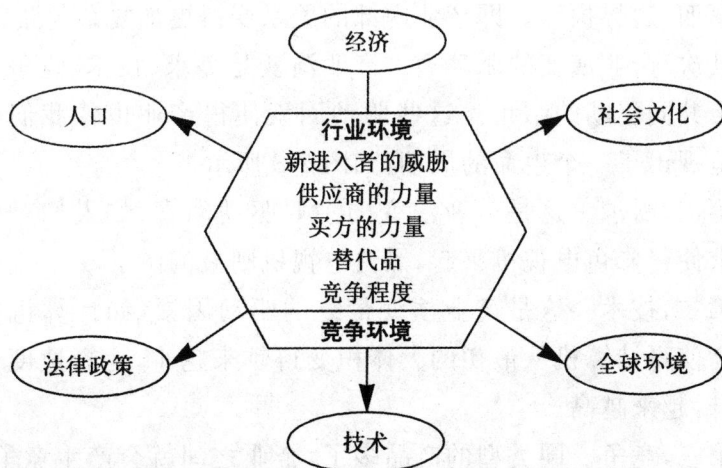

图 2-7

2.产业环境分析

民营企业的产业环境分析主要包括产业演变、产业内部竞争分析这两个方面。

（1）产业演变

对产业演变的分析主要是通过识别产业的形态来了解企业所处的产业状况，进而对企业的产业环境有一个纵向的判断，作为企业制定战略的基础。

产业演变分析主要包括产业演变现象、产业演变的驱动力的分析，具体如下。

首先，产业演变现象。作为一种经久不衰而又非常平常的现象，产业演变有多种表现形式，主要包括以下几种。

第一，市场增长由快变慢。例如，随着家用电器的普及、消费者的消费理想理性化，我国的家电业已经由最初的快速发展期进入了平缓发展期。

第二，此兴彼衰。即一个产业在一个地区兴起，却在另一个地区衰落。

第三，此合彼散。即一些产业价值链在整合，而另一些则在分散。

第四，边界模糊。即产业内部的关系变得更加复杂与紧密。

其次，产业演变的驱动力。产业演变是需求、技术、竞争等诸多因素共同驱动的结果。这些驱动因素使得产业也像我们人类一样呈现出了一个生命的周期，如图2-8所示。

第一，需求。这是产业演变的主要驱动因素，如人们对色彩的需求使得彩色电视机兴起，黑白电视机则被淘汰了。

第二，技术。这是产业演变最终的驱动因素，如计算机技术的提高使得计算机从最初的大体积变得越来越小，运算速度也一再提升，越来越高。

第三，竞争。同类型的产品多了，企业之间就会产生竞争，竞争则会加快技术转移的速度，推进产业演变的进程。

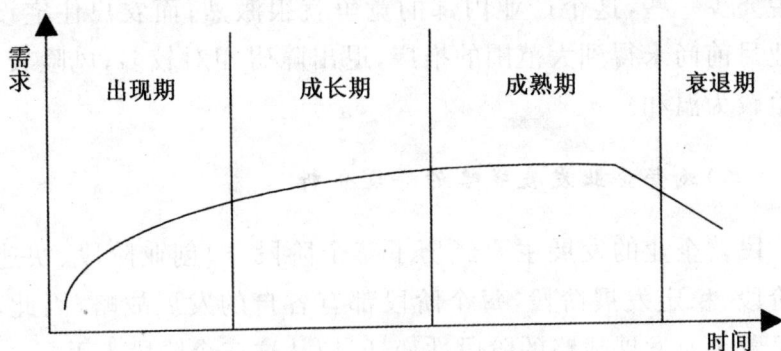

图 2-8

（2）产业内部竞争分析

当前，全球已经实现了一体化经济，民营企业的数量、质量快速提升，产业内部的竞争日益激烈。例如，手机行业内，外商苹果、三星竞争激烈，国内华为、小米、OPPO、VIVO、魅族等品牌也展开厮杀，各个厂家纷纷拿出自身的看家本领来应对市场的竞争，价格战、技术战、概念战等名目新颖的战略战术着实让人大开眼界。

一般来说，产业竞争的影响因素主要包括以下几方面。

第一，市场的需求及其波动性。通常，市场的需求量小，发展潜力小，波动性大，市场产业内部的竞争就越温和；反之，市场的需求量大，发展潜力大，波动性小，市场产业内部的竞争就激烈一些。

第二，产业差异性和转换成本。一般来说，产业的差异性越弱，转换成本越高，产业内部的竞争就温和；反之，产业的差异性越强，转换成本越低的话，相应的产业内部竞争程度就越激烈。

第三，退出障碍。企业从一个产业内撤出时要付出的代价，就是该企业的退出障碍。一般来说，产业的退出障碍越多，行业风险越大，进入该行业的企业就越少，各企业之间的竞争就越温和；反之，产业的退出障碍越少，行业风险越小，进入该行业的企业就越多，竞争也就越激烈。例如，日用品市场的退出障碍相对来说要少一些,这个产业内部的竞争就很激烈;而农户住宅设计行业目前尚未得到大范围的推广,退出障碍相对较多,风险较大,竞争较为温和。

(二)民营企业发展战略的阶段分析

民营企业的发展主要经历了三个阶段,即创业阶段、快速发展阶段、稳定发展阶段,每个阶段都有各自的发展战略,因此,分析民营企业发展战略的阶段性变迁,应从这三个阶段入手。

1.民营企业创业阶段的发展战略

(1)民营企业创业阶段的特点及其原因

创业阶段是民营企业的开始阶段,其最大特征是创业者完全是个人化的经营模式,几乎没有真正遇到过实际的管理难题(市场较好)。

一般来说,民营企业的创业发展都极具传奇色彩,能够快速发展,短时期内能积累较多的原始资本。这种成长性好、投资回报率高的结果得益于民营企业在创业初期的个人管理模式,而这种模式的形成主要有以下几方面原因。

第一,在创业初期,民营企业创建时期的出资者就是企业的经营者,为了控制风险、避免不必要的损失,他会设法独揽大权。所以,他代表了权利,也是权利的执行人,他会比其他人更积极地寻找发展机会使企业成长、资产增值。

第二,在民营企业创业初期,它的生命是比较脆弱的,要面临内外多重压力和竞争,经营者需要身体力行地调查分析并迅速做出决策,开拓并占领市场,这是开展管理工作的需要。

第三,民营企业的创业依靠的是创业者,创业者的创业动机是多种多样的,其中实现经济利益方面的满足、追求心理上的满足这两个动机是最为重要的。要想实现这些满足,创业者就需要牢牢占据企业中的核心地位,并在企业中建立起经营绩效与自身能力紧密相关的机制。

（2）民营企业创业阶段的战略指导思想

民营企业创业阶段的战略指导思想主要是"满足市场需求，专业化经营"。这一战略指导思想是由企业的实力、规模以及外部经营环境所决定的。企业的生存和发展有赖于市场需求，企业要想在市场中生存下来并获得持续发展，就必须要提供市场最需要的产品，但企业在创业之初规模和资本都是有限的。因此，在选择产品时要在考虑市场需求的同时以自身的实际情况为依据，不必面面俱到，做到专业即可。

（3）民营企业创业阶段的战略目标

民营企业创业阶段的战略目标主要是以企业这一阶段的战略指导思想为依据，迅速找准市场的切入点，并尽快推出自己的新产品，在短时间内迅速积累到企业的第一笔财富，为企业的后续发展创造有利条件。

（4）民营企业创业阶段的战略重点

民营企业创业阶段的战略重点的确定是以其本阶段的战略指导思想与战略目标为依据的，概括来说，就是充分考虑市场开拓、资源紧缺等问题，将企业的力量集中在提供产品与服务并迅速将其推向市场、提高市场占有率等方面上。

（5）民营企业创业阶段的战略策略

根据民营企业创业阶段的特点、战略指导思想、战略目标、战略重点，这一时期战略策略就是找准产品与服务的市场切入点，通过各种合理合法的方式来实现企业的战略目标，如加大市场的开发力度、提高企业的营销水平、大力发展新的市场渠道等。

2.民营企业快速发展阶段的发展战略

（1）民营企业快速发展阶段的特点及其原因

经历过创业阶段，能成功生存下来，此时，民营企业大多已经克服了资金入不敷出的局面，收入也不断攀升，进入了快速发展阶段。在这一阶段，民营企业呈现出不同的发展特点，具体表现在以下几方面。

第一，企业规模不断扩大。进入快速发展阶段后，民营企业的产品与服务已经成功导入市场，销量增加，市场占有率提高，这就要求企业不断扩大规模，投入更多的人力资源、物力资源、资金资源等以维持自身发展的需要。但是这样的快速发展很容易掩盖企业发展过程中的一些问题，尤其是企业管理方面的问题，为企业日后出现管理问题埋下了隐患。

第二，企业组织结构复杂化。企业规模扩大之后，员工增多，组织结构变得复杂，企业经营各方面都逐渐烦琐化，最初的个人化经营模式已经不能适应企业发展需要了，经营者不可能再参与企业运营中的所有工作，他必须要改造企业的组织结构，招聘有能力的管理人员，将手中的权力下放，自己由执行者变为决策者，创业者的影响逐渐从企业中淡化。

第三，产权结构得到调整。一般来说，民营企业在创业阶段的产权主体是单一的，企业缺乏社会化的监督机制，要承担无限责任，风险很大，而且这种产业结构也制约了企业广泛筹集资金用于企业再发展，导致了企业决策缺乏民主、分配不合理、管理不科学。于是，进入快速发展阶段后，民营企业更注重产权结构调整，通常会通过股权转让、股份化等方式不断地调整自身的产权结构，以实现产权结构的多元化。

第四，管理水平落后。民营企业进入快速发展阶段之后，规模扩大，人员增多，创业者自身的管理能力不够，而且一个人也难以承担管理重担，会招聘一些管理者，但总体上企业的管理手段还是跟不上它的发展速度，也缺乏有效的监督和约束机制，导致管理混乱，经营无序，以企业的损失甚至破产倒闭为代价。创业者要想让自己的企业能够快速安稳地驶向成功的彼岸，就要更新观念，提高自己的综合素质，注重培养自己和企业中其他管理人员的管理能力、应变能力、战略制定能力、开拓能力以及创新能力等，并努力提高自身的领导艺术和谋略水平。

造成上述特点的主要原因是民营企业自身竞争优势较强，与周围的经营环境配合较好，但发展速度过快，各方面资源没有及时补充到位。

（2）民营企业快速发展阶段的战略指导思想

与创业阶段相比，民营企业快速发展阶段的战略指导思想更侧重于系统化。在这一阶段，民营企业的战略决策者要具有战略性、全局性的眼光，从全局的角度看问题，树立整体观点、动态平衡观点和协调观点，用系统论的观点来研究企业的整体发展规律与方向。

（3）民营企业快速发展阶段的战略目标

民营企业快速发展阶段的战略目标主要是为企业的快速发展创造空间与条件，壮大企业规模，实现企业超速扩张。

（4）民营企业快速发展阶段的战略重点

民营企业快速发展阶段的战略重点是以客户为导向、提高产品质量、巩固既有产品与服务市场、开拓新的产品与服务市场等，以维持企业的快速增长。

（5）民营企业快速发展阶段的战略策略

民营企业快速发展阶段的战略策略主要视企业的战略目标和战略重点而定，可以选择专业化的发展道路，如华为公司；也可以选择多元化的发展道路，如四通公司。

3. 民营企业稳定发展阶段的发展战略

（1）民营企业稳定发展阶段的特点及其原因

民营企业经过了快速发展阶段之后，自身的一些问题得到了解决，从而迈入稳定发展阶段，此时又呈现出不同的发展特点，主要表现在以下几方面。

第一，市场范围不断扩大。民营企业在进入稳定发展阶段的时候进行了转型调整，对自身的产品不断创新，经营体制更为灵活，从而在市场竞争中占据优势，市场范围不断扩大，成绩喜人。

第二，家族制演变为现代管理制。民营企业在创业初期多采用家族化的管理体制，这是合理且有效的。但是，家族制管理模式较为封闭，容易制约企业的发展，从而使企业走向失败。因此,企业在经过快速发展阶段后,就致力于自身管理制度的改革,在稳定发展阶段逐步废黜家族管理制度,采用现代企业管理制度。

第三,产权结构逐步明晰。现代市场经济决定了民营企业的经营者不能死死抱住家族企业的思想经营企业,而应该自觉向股份化和联合之路发展。于是,为了适应现代市场经济的要求,民营企业进入稳定发展阶段之后,产权结构就逐步明晰开来。

第四,注重企业文化建设。民营企业进入稳定发展阶段后,经营者们多会认识到企业文化与企业的兴衰成败密切相关,要使企业的生命力旺盛、能够持续健康发展,就必须要重视企业文化建设,要将其作为企业发展的一种核心力量来建设。

(2)民营企业稳定发展阶段的战略指导思想

民营企业稳定发展阶段的战略指导思想继承了快速发展阶段的战略指导思想,也侧重于系统化,充分考虑企业的实际情况和经营环境,注重企业的可持续发展。

(3)民营企业稳定发展阶段的战略目标

民营企业稳定发展阶段的战略目标从单方面追求企业的快速发展转为追求企业的全面综合发展,力求将企业做到集团化。

(4)民营企业稳定发展阶段的战略重点

民营企业稳定发展阶段的战略重点主要有两个。

第一,根据企业的实际情况对企业的组织结构进行调整。

第二,根据企业的实际情况不断创新企业的组织结构。

(5)民营企业稳定发展阶段的战略策略

民营企业稳定发展阶段的战略策略也集中在了企业组织结构的调整与创新方面,一般来说,这一时期的民营企业可以采取国际化战略、技术创新战略等战略策略。

二、民营企业发展战略的选择

民营企业发展战略的选择并没有一个万能的模式。在选择企业的发展战略时,民营企业要考虑市场需求、自身能力、资源供给水平等方面,做出实事求是的、合理的选择。这里主要介绍两种常见的民营企业发展战略。

(一)多元化战略选择

多元化战略的关键是以企业产品的多元化来获取竞争上的优势。选择多元化战略而成功的企业有很多,如美国通用电气公司(GE)、日本松下公司、韩国三星公司、中国娃哈哈公司等,都是通过多元化迅猛崛起的。然而,也有相当多的民营企业在选择了多元化战略之后被淘汰,如巨人公司因涉足房地产业、电脑业、保健品业等新领域,急于铺摊子,有限资金被牢牢套死。对于今天的民营企业而言,多元化的战略虽然有诸多好处,但同时也会让企业的人才、资金以及综合实力分散。因此,民营企业在选择多元化战略时一定要注意以下几个方面。

首先,在选择多元化方向时,民营企业要"考虑产业发展演变趋势,考虑技术创新、突破及趋势,考虑产业、产品之间的关联程度,考虑欲进入产业的竞争程度和进入难度"[①]。

其次,在选择多元化进入时机时,民营企业要考虑新技术创新发展的时机洞察、竞争程度与专业技能、政策法令强制因素以及企业自身所处产业的生命周期与新产业发展趋势提供的增长机会等问题。

最后,在选择多元化的结构和规模时,民营企业要考虑到市场容量、产业趋势、竞争地位、技术成熟度以及企业专业技能与资源等因素。

(二)成本领先战略选择

成本领先战略的关键在于通过其成本上的领先地位来取得

---

① 贾永轩:《专业化、多元化与核心竞争战略》,中国改革报,1998－7－13。

竞争上的优势,企业日复一日地实施该战略的技能才能获得成本领先战略的成功。

通常,成本领先战略要求企业成为行业内的成本领先者。想要成为成本领先的民营企业有很多,竞争极其激烈,每一个百分点的市场占有率对于它们而言都非常重要。

在选择成本领先战略时要注意以下几点。

首先,从成本领先战略的定义看,只有从产品研究开发阶段开始,就做好成本领先的工作,才能充分体现其战略意义,而并不是只有竞争力下降了的产品才需用成本领先战略。

其次,成本领先战略具有全局性,实施起来要靠系统性的工作,并不是任何企业都能使用成本领先战略。一般而言,中小企业并不具备实施成本领先战略的条件(也有例外情况)。而规模较大的企业则通常有很大的成本缩减空间。

再次,真正的成本领先战略是"在质量相当的前提下,使企业成本具有相对优势"[①]。在实行成本领先战略时还要注意成本领先与产品特色的取舍,成本的降低可能会影响产品的某些特色,降低成本还是让产品保持特色,对此的选择要慎重。

最后,实施成本领先战略时不要只重视生产成本而忽视其他成本,多数的时候生产成本只是总成本的一部分而已,企业要认真地审视一下产品的整个成本链。

第三节　民营企业发展战略的执行

民营企业发展战略若不付诸实施,则只是一纸空文,毫无意义,因此要想真正发挥民营企业发展战略的效应,应做好其发展战略的执行工作。

---

① 毛启武:《充分认识成本领先战略的基础地位》,企业活力,2002年第12期。

一、民营企业发展战略的执行模式

民营企业发展战略的执行模式实际上也就是民营企业管理人员在执行企业发展战略时所采取的手段。一般情况下,民营企业发展战略的执行模式主要有以下五种。

(一)增长型

增长型执行模式是在民营企业发展战略的执行过程中,企业高层管理人员为了使企业获得更好的发展,鼓励实践第一线的管理人员集中其经验与智慧执行自身的战略。这种自下而上的模式在大型的多元化企业里较为常见,其原因在于,大型多元化的企业中,高层领导面对众多的部门,不可能对每一个部门的具体情况都非常了解,因而在执行该部门的企业发展战略时,可能并不适合该部门。有鉴于此,高层管理人员开始放权给各部门,让他们针对自己的情况执行企业发展战略。这样做一方面能够通过给中层管理人员一定的自主权鼓励他们能根据自身情况执行发展战略;另一方面也有机会将身处一线的管理人员的管理经验吸收到整个企业发展战略之中,以便丰富与提高本企业发展战略的可操作性。

(二)文化型

文化型执行模式是在民营企业发展战略的执行过程中,企业高层管理人员将管理合作的范围予以扩大,不仅将基层管理人员纳入企业发展战略的执行范畴,而且将基层员工也纳入企业发展战略的执行过程。具体到民营企业的管理工作中,就是先由企业的高层管理人员针对本企业目前的情况提出自己的观点,然后鼓励、号召企业员工按照自己提出的观点去工作。换句话说,就是企业高层管理人员提出总的发展方向,企业员工则根据该方向进行工作。在这个模式中,民营企业发展战略的实施打破了制定与执行企业发展战略过程中"只想不做"与"只做不想"之间的障碍，使管理人员和员工能够形成一种共同的道德规范和价值观念，而这也就是企业文化。而企业文化一旦形成自己的特色，常常很难接受外界的新生事物。

（三）合作型

合作型执行模式是在民营企业发展战略的执行过程中，企业高层管理人员将其他管理人员都聚集起来，让他们运用头脑风暴法考虑执行与执行民营企业的发展战略问题。在此过程中，企业高层管理人员要鼓励管理人员积极、主动、充分地发表自己的意见，提出自己的看法，而企业高层管理人员要发挥好协调的作用，要注意使每一个管理人员都能针对本企业的发展提出自己的观点，并引领管理人员对大家提出的意见进行分析与讨论。在这种模式中，企业高层管理人员能够通过协调管理人员讨论听取到来自基层管理人员的意见，并通过管理人员的讨论与分析将所有意见加以综合，这样就保证了所制定的企业发展战略合乎本企业的实际情况，也能具有较强的可操作性。这样一来，该企业发展战略在执行时将能够较为顺利。但与此同时，该模式也具有一些缺点，如在进行战略执行方案的讨论过程中，可能由于某些管理人员在表达个人意见上的说服力较强，从而影响到其他管理人员的观点，使得战略执行方案带有一定的倾向性。同时，该模式在讨论战略执行方案时需要花费大量时间，这很可能导致企业错过发展的关键时期，因此，需要企业根据自身的具体情况具体对待。

（四）变革型

变革型执行模式是在民营企业发展战略的执行过程中，高层管理人员本人或在其他各方面的帮助下，为有效地实施企业发展战略，而在企业内部实施了一系列变革，如建立新的信息系统、新的组织机构，调整经营范围等，以此来增加战略成功的机会。这种模式是从企业自身的角度来考虑企业战略执行的情况的，因此具有一定的针对性。但是,它也有一定的缺陷,如只能运用于稳定行业中的中小企业,其原因在于,若企业环境变化迅速,那么企业可能根本来不及改变自己的内部状况,那么该模式也就不能充分发挥出其应有的作用。

(五)指挥型

指挥型模式是在民营企业发展战略的执行过程中,企业高层管理人员或者自己制定企业发展战略,或者指挥战略计划人员去制定企业发展战略。若制定的企业发展战略通过后,企业高层管理人员便让基层管理人员按照发展战略予以执行,但自己却不会介入整个执行过程中。在这种模式下,企业战略的执行方案一般不会发生大的变化,因而执行的结果较为明显。但这种模式是一种自上而下的模式,基层管理人员只是按照高层的指示行事,因此不利于调动他们的积极性。

二、民营企业发展战略的执行要点

民营企业发展战略在执行的过程中,离不开企业中的组织机构、领导者品质、管理人才与企业文化的支持。而其中最重要的一点,就是要构建企业核心竞争力。

(一)构建科学的企业组织机构

企业组织机构的作用在于分工与协作,通过这一作用,它能够将企业的目标和战略转化成一定的体系或者制度,并将其融入企业的日常经营与管理工作中,而这将会为企业发展战略的执行提供必要的保证。因此可以说,科学合理的组织机构是帮助企业管理层执行企业发展战略的重要手段。有鉴于此,民营企业在执行发展战略的过程中,一定要注意构建科学的企业组织机构。

然而从我国目前民营企业对组织机构的设置上来看,很多企业在选择了一种发展战略后,管理层常常只将关注的焦点放在既得利益上,而对企业组织结构调整缺乏必要认识。这一点最常出现在企业并购的资源整合常常忽视组织架构的调整上,而这将会导致非常严重的后果。因此,民营企业应根据自己的发展战略导向构建科学合理的企业组织结构,这样才能使企业战略绩效最大化。

一般情况下,合理的组织机构能够在规模经济与范围经济、交易成本、代理费用和信息的流动之间进行有效的平衡。根据其所处的环境以及战略目标,民营企业在构建企业组织机构时,应坚持多样性原则,不仅可以构建直线型组织机构,而且可以构建阵矩型组织结构和网络型组织结构。

(二)不断提高领导者的品质

企业发展战略是对企业未来一段时间发展的一个规划,它从制定到执行都离不开企业领导者的作用。而在中国,民营企业领导者常常是以企业灵魂与核心的身份出现的,他们不仅会参与制定民营企业发展战略,而且在执行该战略的过程中也会发挥重要的作用。可以说,民营企业领导者是企业战略的象征,他们个人的行动和对战略的态度,对企业员工是否认真执行既定战略有着强烈的影响。而企业的使命、战略与主要经营目标也都会受到企业领导者个人目标与价值观的影响。因此,要想促进民营企业发展战略的科学执行,就需要不断提高领导者的品质。

(三)建设一支优秀的管理团队

很显然,在现代社会中,个人的力量是有限的,为了掌握更多的资源,聚集更多的智慧,团队应运而生。而在民营企业的经营与管理中,不管多么优秀的管理人才,若仅凭个人单打独斗,是很难将企业推上一个新高度的,这就要求民营企业必须建立一支健全的管理团队和出色的管理人才队伍。只有这样,民营企业发展战略在实施的过程中也才能落到实处。因此,民营企业在执行发展战略的过程中,应努力建设一支优秀的管理团队。

（四）创建优秀的企业文化

企业文化是民营企业战略执行的重要保证，强有力的企业文化能突出企业特色，形成企业员工的共同价值观，这样能使企业制定出与众不同的战略计划，也才能在众多企业中脱颖而出。同时，当企业发展战略制定以后，需要全体员工认真落实，其效应才能充分发挥出来，而企业文化正是调动全体员工执行企业发展战略积极性的重要手段。因此，民营企业要想使自身的发展战略落到实处，就必须注重企业文化，积极创建优秀的企业文化。

（五）不断提高企业核心竞争力

1. 提高企业核心竞争力的必要性

就如同现在人们所说的"21 世纪的竞争就是人才的竞争"，民营企业之间的竞争实际上就是彼此核心竞争力的较量。在这场较量中，具备较强核心竞争力的企业能够在与其他企业对抗的过程中取得可持续性的竞争优势，并在竞争浪潮中长期把握主动权。而核心竞争力较弱的企业则会受到核心竞争力较强的企业的压制，难以获得可持续性发展。有鉴于此，民营企业在发展的过程中必须将提高企业核心竞争力放在首位，在制定企业发展战略时也要以此为中心。在具体执行的过程中，更要将这一点落到实处，要抓住核心竞争力培育这一主线，把企业有限的资源、人力、财力、物力都优化配置到有利于企业长远发展的核心技术上去。

此外，提高企业核心竞争力也是使企业长盛不衰、健康发展的一个必要条件。在市场经济条件下，若一个企业在市场竞争中葆有具有较大竞争优势的核心竞争力，那么在一定时期内，该企业必然能保持良好的发展势头，也能收获高于同行业平均水平的投资回报，这样就能在企业竞争中长期占据主动性。因此，在执行民营企业发展战略的过程中，要注意保证企业在其现有事业领域上顺利延伸,以不断提高企业的核心竞争力。

2.忽视企业核心竞争力培育与维护的危害

若企业在执行发展战略的过程中,忽视了对核心竞争力的培育与维护,那么将会给企业的发展带来巨大风险,这些风险主要体现在以下几方面。

(1)若企业在执行发展战略的过程中,忽视了对核心竞争力的培育与维护,那么在出现新的商机时,即使企业领导者有心要抓住这个机会,但由于没有形成核心竞争力的共识,也就无法及时调整企业的战略资源及其配置,可能错失商机。

(2)若企业在执行发展战略的过程中,忽视了对核心竞争力的培育与维护,那么企业可能会将发展的眼光仅仅关注在一处,而忽视了对现有事业领域之外的新商机的关注,从而错过了新的机会。

(3)若企业在执行发展战略的过程中,忽视了对核心竞争力的培育与维护,那么可能企业对自身的核心竞争力的内容、特点、本质在认识上都存在一定的问题,而这是非常危险的,它很有可能会导致本企业的失败。

(4)若企业在执行发展战略的过程中,忽视了对核心竞争力的培育与维护,那么企业在与其他企业进行协作时,很有可能出现彼此之间的不兼容,甚至出现排斥的现象,这就会导致本企业在与其他企业合作上出现问题,也会削弱企业的竞争力。

(5)假如企业在执行发展战略的过程中,没有将培育与维护核心竞争力放在首要位置上,那么即使企业在短期内可能取得了较好的发展,但在其膨胀的过程中,很有可能因为企业组织结构的调整而造成企业核心竞争力的分散,从而削弱本企业的竞争力。

3.提高企业核心竞争力的方法

(1)创建独特的企业文化

现代企业管理的相关研究显示,若企业能够建立独特的企业文化,那么将会为发展自身的核心竞争力奠定良好的基础。这里的独特的企业文化主要包含两层含义,一是企业文化必须要有一定的时代特色;二是企业文化要能体现本企业自身的内涵与底蕴。这样的企业文化能够使本企业的所有员工通过不断培养自我与团队的共同的世界观、人生观、价值观而汇聚在一起,形成强大的团队力量,最终使民营企业焕发出新的活力。例如,海尔企业的"动力来源于自身生命""资源会枯竭,文化生生不息""没有思路就没有出路"等理念已经渗透到每一个海尔企业的员工脑海中,并形成了"创新"的企业文化,在其影响下,企业员工十分注重对物质创新与文化创新的结合,从而在企业内部形成了一股创新内聚力,而这种内聚力为海尔核心竞争力的提高奠定了坚实的基础。

（2）明确企业的使命及其经营目标

企业核心竞争力的提高与企业的使命与宗旨是联系在一起的,因此民营企业要想不断提高自己的核心竞争力,就必须明确企业的使命和经营目标,要搞清楚自己的企业究竟是做什么的,应该为客户提供什么样的产品与服务,这些问题不仅涉及企业的长远生存与发展,而且对企业也是非常重要的。只有搞清楚这些问题,企业才能尽全力发展自己的"拳头"产品,也才能在市场上占据优势。

（3）不断强化企业的创新与技术管理

在市场经济环境下,企业的核心竞争力一般都是相较同类企业有一定优势的,是对手难以模仿的。而要保持这种优势,不仅需要对自己的核心竞争力进行垄断,即要保护好自己的核心技术,同时还需要对其进行创新,也就是要不断强化企业的创新与技术管理。

根据哈佛大学商学院教授迈克尔·波特的观点,在世界范围内,大多数的企业已经不再开始以投资推进经济的方式来发展企业,而是开始以创新来发展企业。这一转变能够帮助企业在技术、战略决策、产品制造、市场营销、组织管理上不断创新,一方面通过对现有产品的不断改进和对新产品的开发,改进企业价值核心能力的活动和过程,提升企业价值;另一方面也能帮助企业打破常规陋习,提高企业效率和活力。

与此同时,企业也要做好技术管理方面的工作,这可以从以下几方面入手。

第一,根据对竞争对手和未来商机的分析判断,在关键性技术的基础上,制定相应的自我开发和外部获取核心技术计划、方法,并认真予以实施。

第二,在保护企业的核心技术的基础上,坚持不懈地对其进行创新,以便使其长期在行业中保持领先的地位。对核心技术进行创新,一方面可以对现有核心技术中的组合成分进行更新,使其紧跟时代潮流;另一方面可以紧跟时代,不断分析未来可能出现的某些商机,吸纳新产生的技术,对企业的核心技术进行改造和提高。

第三,在发挥本企业核心技术领先性的同时,注意对其进行更新换代,以充分延伸企业的核心技术。

第三章　民营企业绩效管理研究

自改革开放以来,民营经济日益成为我国经济发展的动力和亮点,民营企业也因此获得了快速发展。民营企业在优化资源配置、提高经济效益、解决就业问题等方面发挥着重要的作用,但是其整体的管理水平是比较低的。因此,提高管理水平是当前民营企业发展的重中之重。而在民营企业的管理中,绩效管理是不可忽视的一项重要内容。在本章内容中,将对民营企业绩效管理的相关内容进行详细研究。

第一节　民营企业绩效管理的内涵

良好的绩效管理对于民营企业的发展有着重要的推动作用,因此,民营企业要想获得健康且可持续的发展,必须要高度重视绩效管理。

一、企业的绩效与绩效管理

(一)企业的绩效

1.企业绩效的定义

企业绩效的定义是随着管理实践深度和广度的不断增加而变化的,就当前来说,企业绩效就是"人们在工作过程中所表现出来的与组织相关的并且可以被评价的工作业绩、工作能力和工作态度。工作业绩是指工作的结果,工作能力和工作态度则是工作的行为,这些行为对个人或组织效率具有积极或消极的作用"[1]。

2.企业绩效的特点

企业绩效的特点,具体来说有以下几个。

(1)多维性

企业绩效的多维性特点,指的是在进行企业绩效分析与考评时,需要从多个维度进行。

(2)多因性

企业绩效的多因性特点,指的是企业绩效会受到多种因素(包括主观因素和客观因素)的影响,如员工的技能、企业的环境、工作的机会等。

(3)动态性

企业绩效的动态性特点,指的是企业员工的绩效会因时间的变化而有一定的改变,如员工的绩效因企业效益的增长而提高等。

3.企业绩效的影响因素

企业绩效的影响因素是多种多样的,其中最主要的有以下几个。

(1)企业员工的技能

企业员工的技能,简单来说就是企业员工所具有的工作技术和工作能力。它是影响企业绩效的一个内在因素,而且通过一定的培训和开发是可以得到提高的。

(2)企业的激励政策

企业的激励政策,简单来说就是企业为提高员工工作的积极性和主动性而采取的措施。它是影响企业绩效的一个主观因素,

---

① 陈永丽:《基于伦理理念的民营企业绩效管理研究》,成都:西南财经大学出版社,2013年,第51—52页。

而且需要企业长期实行。

（3）内部条件

内部条件也就是企业在进行工作时所需要的各种各样的资源。它是影响企业绩效的一个客观因素，而且在一定程度上是可以进行改变旳。

（4）外部环境

外部环境也就是企业所面临的大环境，包括社会环境、政治环境、经济环境、技术环境等。它是影响企业绩效的一个客观因素，而且是不可控旳。

（二）企业的绩效管理

1.企业绩效管理的定义

在当前，企业绩效管理主要是从管理学和经济学的视角进行定义的。从管理学的视角来说，企业绩效管理就是"将组织的和个人的目标联系或整合，以获得组织效率的一种过程"[1]，从经济学的视角来说，企业绩效管理就是"对所要达到的目标建立共同理解的过程，也是管理和开发人的过程，以增加实现短期和长期目标的可能性，使公司绩效不断提高"[2]。

应该说，仅仅从管理学和经济学的视角对企业绩效管理进行定义是不够完善的，还必须将其与社会学视角的绩效管理有机结合起来，以使企业能够创造出持续不断且最大的绩效，进而获得可持续发展（图 3-1）。

2.企业绩效管理的发展阶段

企业的管理者在早期大多是凭借感觉来进行公司管理的，直到 19 世纪末期才逐渐意识到绩效问题。自此，企业绩效管理逐

---

① 陈永丽：《基于伦理理念的民营企业绩效管理研究》，成都：西南财经大学出版社，2013 年，第 54 页。

② 同上。

渐发展起来,并大致经历了五个发展阶段,具体见图 3-2。

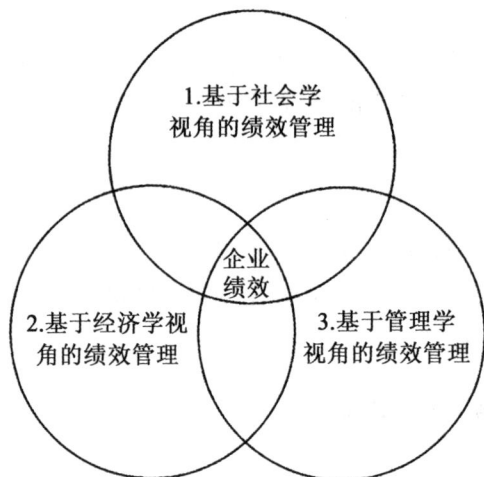

图 3-1

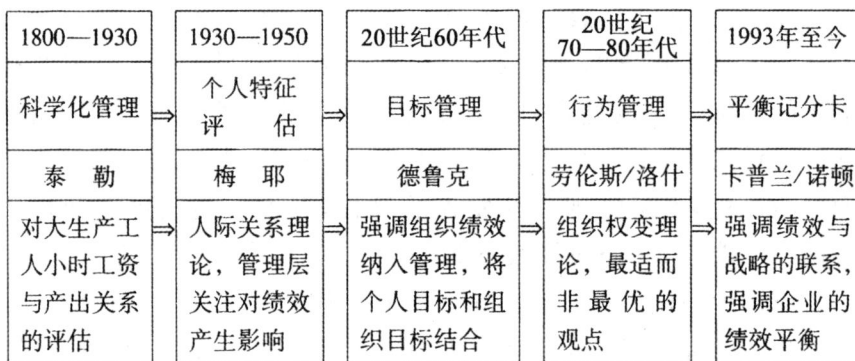

1800—1930	1930—1950	20世纪60年代	20世纪70—80年代	1993年至今
科学化管理	个人特征评估	目标管理	行为管理	平衡记分卡
泰勒	梅耶	德鲁克	劳伦斯/洛什	卡普兰/诺顿
对大生产工人小时工资与产出关系的评估	人际关系理论,管理层关注对绩效产生影响	强调组织绩效纳入管理,将个人目标和组织目标结合	组织权变理论,最适而非最优的观点	强调绩效与战略的联系,强调企业的绩效平衡

图 3-2

3.企业绩效管理的内容

企业绩效管理的内容,具体来说有以下几个。

(1)绩效计划

在进行企业绩效管理时,提前做好绩效计划是十分重要的。绩效计划的主要任务是制定明确的绩效目标,而在制定绩效目标时要充分考虑到员工对绩效目标的可接受性以及对绩效目标制定的参与性。此外,进行绩效计划制定时,要切实明确在计划期间员工需要做的工作、工作需要做到什么程度以及计划何时能够完成。

①绩效计划制定的原则

在进行绩效计划制定时,要切实遵循以下几个原则。

第一,客观性原则。客观性原则就是在进行绩效计划制定时,要以事实为依据,客观、公正、系统地对绩效进行评估。

第二,一致性原则。一致性原则就是在进行绩效计划制定时,要确保选择的绩效考核内容与公司的战略目标是紧密相连的。

第三,参与性原则。参与性原则就是在进行绩效计划制定时,要让各个层次的员工都参与进来,并通过与他们进行有效的沟通来确保其个人目标与企业目标是相同的。而且,只有员工亲自参与了绩效目标的制定,才能对绩效目标在心理上形成认同,进而切实去实现绩效目标。

第四,可行性原则。可行性原则就是制定的绩效计划要在企业以及员工的职责、权利和能力范围之内,否则会没有任何用处。

第五,灵活性原则。灵活性原则就是制定的绩效计划要随着实施情况的变化进行灵活的调整,以确保企业目标的最终实现。

②绩效计划制定的环节

在进行绩效计划制定时,通常来说要经过以下几个环节。

第一,绩效计划准备环节。在绩效计划准备环节,需要做好两个方面的工作:一是信息准备工作,主要是明确企业的发展战略规划、企业的年度经营计划、企业的经营目标、企业部门的工作目标和工作计划、企业员工的工作目标和工作计划等;二是沟通准备工作,即为了更好地进行绩效计划沟通,对企业的文化、企业的工作氛围、员工的特点、员工的工作目标等内容进行充分了解。

第二,绩效计划沟通环节。在绩效计划沟通环节,主要是管理者和员工在充分彻底的沟通基础上,就员工的工作目标、工作绩效以及工作绩效的考核指标形成一致意见。而且,在这一环节中,要始终确保以平等原则、员工积极参与原则等为基础进行沟通,始终确保沟通氛围的轻松与和谐,以便员工能够畅所欲言。

第三,绩效计划审定和确认环节。企业的管理者和员工在充分沟通的基础上就员工的工作职责和工作重点、员工的绩效考核指标及所占的权重等达成了共识后,就要将其以书面形式呈现出来,即形成绩效计划文档。而绩效计划文档在完成后,要由管理者和员工共同审定,并在明确无误后进行签字确认。

（2）绩效实施与管理

在实施绩效计划的过程中,主要领导要注意随时与员工保持密切的联系,全程对绩效计划的实施情况进行跟踪,并及时发现、分析并解决绩效计划实施过程中出现的问题。同时,在实施绩效计划的过程中,主要领导也要注意调整绩效计划中不合理的部分,充分尊重被管理者,并加强与被管理者之间的沟通,从而激发被管理者实施绩效计划的积极性和主动性。

（3）绩效评估

绩效评估就是综合评价员工在一段时期内的工作态度和工作成果,是测量并认定员工工作绩效的有效方式。

在进行绩效评估时,要尽可能做到客观,以使员工信服。同时,在进行绩效评估时可以借用一定的方法。在当前,360度绩效评估方法是比较受推崇的一种绩效评估方法。

360度绩效评估方法又称"多源评估""多角度评估",与传统的由上级对下属进行评定的方法是不同的,其评价主体包括上级主管、同事、下属、客户以及员工自己等。

（4）绩效反馈

在企业绩效管理中,绩效反馈是非常重要的一项内容。通过绩效反馈,可以使员工清楚认识到自己在工作中的成就以及遇到的困难,进而采取措施对困难进行解决,更好地完成绩效目标。

绩效反馈的有效实施离不开以下几方面的具体工作。

第一,领导或上级要利用与员工经常接触的机会以及信息反馈的渠道对员工的绩效进行定期检查。

第二,要及时向下级通报绩效计划实施的进度。

第三,要及时帮助下级解决工作中遇到的困难。

第四,当绩效计划因不可控事件无法实现时,要及时对绩效计划进行适当调整。

(5)绩效评估结果的运用

就当前来说,绩效评估结果的运用主要包括以下几方面的内容。

第一,企业以绩效评估结果为依据进行人事决策,如员工是否要更换岗位、员工薪酬如何确定、员工是否适合晋升等。

第二,企业以绩效评估结果为依据进行员工发展培训,如确定哪些员工需要进行培训、员工需要培训的内容等。

第三,企业以绩效评估结果为依据与员工进行及时沟通,以使员工正确认识到自己在绩效上存在的问题,并积极采取有效的措施对自己的绩效问题进行解决,进而不断提高自己的绩效。

4.企业绩效管理的功能

企业绩效管理的功能,具体来说有以下几个。

(1)计划功能

企业绩效管理是以绩效计划的制定为起点的,因此有着鲜明的计划功能。通常来说,绩效计划都是一年期的,但在年中的时候可以依据实际适当地进行修订。

(2)激励功能

企业绩效管理的激励功能,主要表现在企业绩效评估结果的运用上。通常来说,企业会根据绩效评估结果对相应的员工进行适当的激励(包括物质、精神、职位激励等),以使员工能够更好地融入企业文化之中。

(3)协调功能

企业绩效管理是一个由绩效计划、绩效实施与管理、绩效评估、绩效反馈和绩效评估结果的运用共同构成的完整系统。在这个系统中,不论是绩效计划的制定与实施,还是绩效计划实施结果的反馈,都需要与员工进行充分的沟通,对员工进行有效的绩效指导,以使员工对企业的绩效计划有深入的认识,并在提高自己个人绩效的同时尽可能提高企业的整体绩效。从这个角度来说,企业管理有着鲜明的协调功能。

（4）整合功能

在企业的人力资源管理系统中,绩效管理是处于核心位置的。它能够将人力资源的各项功能整合为一个有着内在联系的整体,并通过帮助员工设定个人目标而与企业的整体目标与战略联系在一起。同时,企业绩效管理是制定员工的工作安排、薪酬、培训计划、晋升安排、新一年目标等的重要依据,也是企业招聘新员工的重要参考。从这个角度来说,企业绩效管理有着鲜明的整合功能。

5.企业绩效管理的特点

企业绩效管理,归根结底是"一种在充分肯定员工对企业绩效的基础上,创造一种环境,让职员能获取、共享、使用组织内部和外部的信息以形成个人知识,并支持、鼓励个人将知识应用、整合到组织产品和服务中去,最终提高企业创新能力和市场反应速度的管理理论和实践"[①]。由此,我们可以得出企业绩效管理的特点,具体来说有以下几个。

（1）企业绩效管理是十分重视评价的,这使得上级在对下级进行检查时不再是仅仅确定其短处,而是同时对其长处及潜力进行明确,并鼓励其通过学习等将自己的长处及潜力充分发挥出来。

（2）企业绩效管理中的上级,不再是一个决定者,而是逐渐变成了一个倾听者和指导者。

（3）企业绩效管理更看重的是未来而不是过去。

---

① 陈永丽:《基于伦理理念的民营企业绩效管理研究》,成都:西南财经大学出版社,2013年,第65—66页。

二、民营企业绩效管理的重要性

民营企业实施绩效管理具有非常重要的意义,具体表现在以下几个方面。

(一)有助于提升民营企业的绩效和个人绩效

民营企业在进行绩效管理时,通过对企业目标、部门目标以及个人目标等进行科学合理的设定,为员工的发展指明方向。同时,通过绩效管理,管理者能够及时发现员工在工作中出现的问题,并采取措施帮助员工解决这些问题,以保证员工能够实现自己的绩效目标;能够及时、客观且公正地对个人和部门的阶段工作进行评价,并采取有效手段激励高绩效的部门和员工继续努力以使绩效不断提升,督促低绩效的部门和员工通过寻找原因来改善绩效;能够使员工明确自己在工作中的优势与不足,进而在扬长避短的情况下使自己获得进一步的发展;能够帮助部门和个人制定更加合理的新一阶段的绩效目标,以保证部门和个人的绩效能够不断得到提升。长此以往,企业和个人的绩效目标都会得到有效的提升。

(二)有助于提高民营企业的竞争力

民营企业通过绩效管理,可以有效地提升企业绩效和个人绩效。而企业绩效和个人绩效的提升,又能使企业更好地应对残酷的市场竞争,不断提高自己的竞争力,进而在市场上站稳脚跟。

与此同时,民营企业通过实施科学、合理、有效的绩效管理,既能够使企业内部的人才脱颖而出,也能够吸引大量的外部优秀人才,进而使企业的竞争力得到提升。

(三)有助于优化民营企业的管理和业务流程

民营企业管理,总体来说主要涉及两个方面的内容:一方面是对人的管理,另一方面是对事的管理。其中,对人的管理概括来说就是激励与约束的问题,而对事的管理概括来说就是流程问题。这里的流程,简单来说就是如何对某一件事情或是某一个业务进行运作,涉及的问题包括做的原因、做的人、做的方式和做完后交接给谁。而且,流程实施的是否顺畅,将极大影响到企业的效率。此时,企业若是实施绩效管理,便能不断优化、调整流程问题,从而使企业的运行效率不断得到提升。而企业的运行效率在不断得到提升的同时,企业的管理和业务流程也会逐步得到优化。

(四)有助于实现民营企业的战略目标

民营企业通常会有着较为明确的发展思路、发展战略以及近远期发展目标,并会以此为基础,结合企业的内部条件、外部经营环境的预期变化以及各级管理者和员工的意见制定出与自身发展相符合的年度经营计划与目标。这样确定的年度经营计划与目标,有着较为深厚的群众基础,因此当企业的管理者将其进一步分为各个部门、各个岗位的业绩目标,各个部门、各个岗位的员工会主动去实现各个分目标,最终完成年度经营目标。

对于民营企业的绩效管理来说,制定与分解年度经营计划与目标是极其重要的一项工作,而且这项工作完成的好坏将直接影响到企业绩效管理的实效以及企业战略目标能否实现。

三、民营企业绩效管理的现状

当前,越来越多的民营企业开始重视并采用绩效管理,既取得了一定的成效,也存在不少的问题,具体来说有以下几个。

(一)未形成系统的绩效管理体系

民营企业的绩效大致来说可以划分为三个层次,即员工绩效、部门绩效和组织绩效。而且,对于民营企业来说,最根本的目的是获得组织绩效。但是,组织绩效是通过部门绩效的有机整合来实现的,部门绩效又取决于员工绩效。也就是说,员工绩效的变动会影响到部门绩效和组织绩效的变动(图 3-3)。因此,民营企业应该特别重视员工绩效的增长,并将其与部门绩效和组织绩效有机融合为一个整体。同时,民营企业应将员工绩效、部门绩效和组织绩效全部纳入绩效考评体系之中。

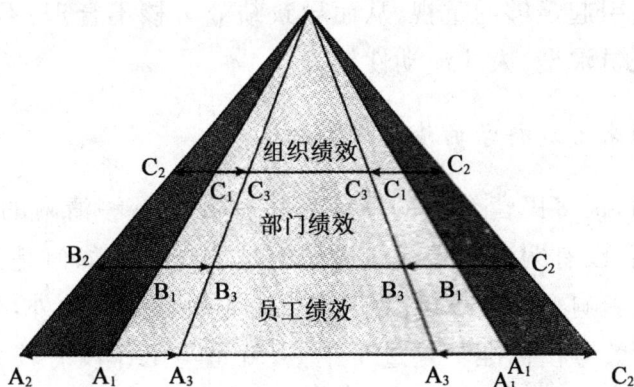

图 3-3

就当前的实际来说,大多数的民营企业只注重对员工绩效进行考核,对部门绩效和组织绩效的考核则没有足够重视,而这对于部门绩效和组织绩效的提高以及最终实现企业的战略目标来说是非常不利的。

(二)未形成科学的工作分析方法

民营企业在建立绩效考核体系时,最为重要的一个环节就是科学地进行工作分析,这也是进行绩效考核的主要依据。

在进行工作分析时,需要以组织目标为基础,科学地分析和研究被考评对象所在岗位的工作性质、工作内容以及工作顺利完成所需要的条件等,继而明确被考评者在该岗位工作时应该运用的工作方式、所需达到的工作目标等。在明确了这些之后,就可以大致确定对其进行绩效考评的主要因素。也就是说,要对员工的绩效进行科学考评,首先要对其工作进行科学分析。只有这样,才能确保存在着很多忙闲不均的岗位,且一些相同级别的不同岗位之间在工作量、工作的难易程度等方面存在较大差别的企业在进行绩效考评时,会更加注意到工作完成情况和表现差不多但工作量大、难度高的岗位上的员工,进而使员工获得与自身岗位更相符合的绩效。这既有利于调动员工的工作积极性,也有利于企业留住并获得更多的人才。

可是,当前很多的民营企业在建立绩效考核体系时,并未对工作分析引起足够的重视,从而导致绩效考核不合理、不科学,也造成了人员浪费、人才流动性较大。

(三)未形成科学的绩效考核标准

当前,很多民营企业的绩效考核标准是不够清晰的,如在工作量方面,没有明确的指标衡量如何是工作量大如何是工作量小等。在此影响下,进行的绩效考核也是不科学的。此外,很多民营企业的绩效考核标准不是过于单一,就是与工作没有较大的相关性,经常掺杂个人感情因素,从而使绩效考核失去了应有的意义。

(四)未形成多层次的绩效考核者队伍

当前民营企业在进行绩效考核时,考核者通常是员工的直接主管。在这种情况之下,主管为了避免自己被员工讨厌以致疏远,在进行考核时往往不敢也不愿将自己真实的考核意愿表达出来,这就使得绩效考核失去了其应有的意义。再加上人们在工作过程中形成的工作关系是十分多样化的,因此,仅仅由单一的直接主管对员工进行绩效考核是不可取的。

(五)未形成合理的绩效考核频度

在当前,针对绩效考核的频度问题并没有形成一致的意见。从理论层面来说,绩效考核的频度应该是越高越好的,原因有三个:一是越高频度的绩效考核,越容易及时发现员工的问题并进行解决;二是员工的表现是随时变化的,如果两次考核的时间相差太长,则无法将员工的工作情况全面反映出来,考核结果的客观性、准确性也会受到一定的影响；三是心理学的相关研究指出，在进行激励时要及时，否则激励的效果会大大减弱，也就是说，绩效考核的频度若是过低，则绩效考核的激励作用会大大减弱。从管理实践层面来说，绩效考核的频度若是过高，则考核的工作量以及考核的成本会大大增加，还有可能会引发员工的逆反情绪，因此，绩效考核不应该太频繁。

就当前民营企业的绩效考核来说，也存在以上两种现象，即或是过频，或是过少。因此，民营企业还需要以自己的实际为依据，进一步探索适合自己的绩效考核频度。

（六）未形成合理的绩效考核反馈机制

民营企业在进行绩效考核时，往往会因为一些主客观原因使考核的结果不够客观和公正，继而引发员工的不满，致使考核的目标无法充分实现。导致这一现象出现的一个重要原因，就是民营企业在进行绩效考核后，没有及时将考核的结果以及得出考核结果的依据反馈给员工。由此可知，建立绩效考核反馈机制是十分重要的。而一个健全的绩效考核反馈机制，既要有沟通、反馈，也要有申诉、仲裁，以便考核者和被考核者能更好地在考核结果上达成共识。

第二节　民营企业绩效管理的方法

民营企业绩效管理的方法，就当前来说，最为常用的主要有以下几个。

一、360 度反馈法

（一）360 度反馈法的定义

360 度反馈法，就是对被考核者由多个考核者（包括上级、下级、同事、客户和自己)从不同的视角进行 360 度全方位的考核,再通过反馈程序将考核的结果反馈给被考核者,以期达到改变被考核者的行为、提高企业绩效管理等目的(图 3-4)。

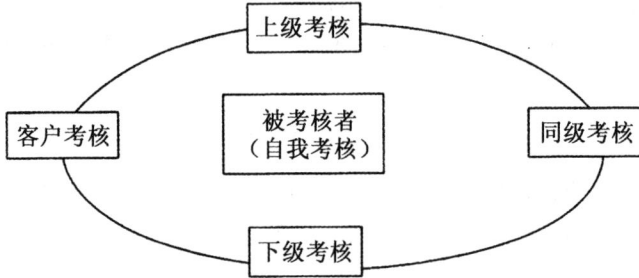

图 3-4

(二)360 度反馈法的特点

360 度反馈法的特点,具体来说有以下几个。

1. 全面性

在对员工进行考核时,仅仅从一个方面或是一个角度出发是不够全面的,考核的结果也会有失偏颇。而 360 度反馈法的考核者来自于企业内外的不同层次,能够从不同的视角对被考核者进行更加深入的了解,由此得出的考核结果就更加具有全面性。

2. 参与性

在 360 度反馈法中,员工也是一个重要的考核者,可以对管理者进行直接考核。这不仅能调动员工参与绩效考核、绩效管理的积极性,也能调动员工参与企业管理的积极性。

3. 公正性

运用 360 度反馈法对员工进行考核时,需要从多个视角对其进行综合考核,也需要从所有可能的渠道进行信息收集,还会对各个考核者优势进行集中,因而得出的考核结果通常是十分公正的。

4.小误差性

360 度反馈法的考核者来自于不同的层次,而且每个层次是由若干名考核者组成的,因而在确定最终的考核结果时会采取平均值的方式。从统计学的角度来说,这样确定的考核结果更与实际情况相接近,且有着较小的误差值。

5.匿名性

运用 360 度反馈法对员工进行考核时,为了减少考核者的顾虑,也为了确保考核结果的可靠性,还为了保证能够客观地进行考核,通常会采用匿名方式,以期能够收集到较为中肯的考核意见。

6.针对性

运用 360 度反馈法对员工进行考核时,不同的考核者使用的考核量表是有一定区别的,以保证不同考核者的考核结果具有一定针对性。

(三)360 度反馈法的实施程序

在运用 360 度反馈法对员工进行考核时,为了确保切实达到考核的预期目的,必须严格遵守其实施程序(图 3-5)。

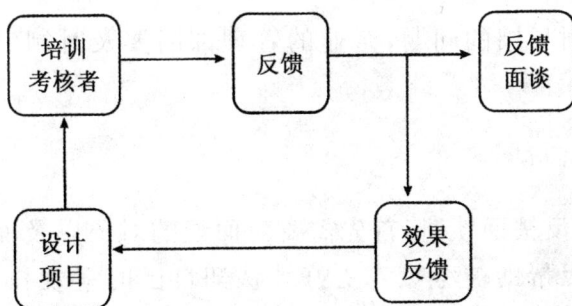

图 3-5

1.设计项目

运用 360 度反馈法对员工进行考核时,首先需要设计以职位胜任为基础的考核问卷。在问卷中,要尽可能全面地考虑到所有情况,且要与企业的自身情况相符合。

2.培训考核者

培训考核者,也就是组建 360 度的考核团队。而在组建 360度的考核团队时,要特别注意以下几个方面。

(1)在选择考核者时,要取得被考核者的同意,以便考核结果更好地被考核者认同和接受。

(2)在选择了考核者后,要对其进行一定的培训,使其明确如何进行考核以及如何将考核的结果反馈给被考核者。

3.反馈

反馈更具体来说就是 360 度反馈,在实施这一环节时,要特别注意以下几个方面。

(1)加强对具体实施过程的监控与标准化管理,以保证最终结果的有效性。

(2)运用合适的统计方法对考核信息进行统计,并将统计结果以报告的形式呈现。

(3)运用讲座、个别辅导等方法,对被考核者进行如何接受他人考核信息的培训,以便被考核者更好地认知考核的目的、接受考核的结果。

(4)针对反馈的问题,企业的管理部门要及时制定相应的行动计划。

4.反馈面谈

在进行反馈面谈时,首先需要对面谈的对象以及面谈的成员进行确定,以帮助被考核者更好地认知自己的绩效和工作状况、工作能力等,继而更有针对性地规划自己的职业生涯。

5.效果反馈

效果反馈就是在完成了现场考核工作以及反馈工作后,还需要进行的工作,具体来说有以下几个。

(1)对360度反馈法执行过程的安全性进行确认,其中最为主要的是对考核信息收集过程是否与考核要求相符合进行检查。而在检查的过程,需要考虑到来源不同的考核信息,其准确性会存在一定的差异。

(2)对360度反馈法的应用效果进行考核,进一步明确这种方法的有效性。

(3)对考核中的经验与不足进行总结,这既是为下一次的考核积累经验,也是为了不断对企业的绩效考核系统进行完善。

二、关键绩效指标法

(一)关键绩效指标的定义与特点

1.关键绩效指标的定义

关键绩效指标,就是企业在层层分解自己的宏观战略目标决策后所形成的可以进行操作的战术目标。它是对企业的宏观战略目标决策的实施效果进行监测的重要指针。

2.关键绩效指标的特点

关键绩效指标是对企业的战略实施效果进行衡量的关键指标,是在对企业运作过程中的关键成功要素进行分析、归纳与提炼的基础上得出的。由此,关键绩效指标形成了自身独特的特点,具体表现在以下几个方面。

(1)将员工的工作与部门的发展、企业的战略以及企业的远景紧密地联系在一起,也就是说使员工的个人绩效直接与部门的绩效和企业的绩效相挂钩。

(2)将员工的个人绩效与内外客户的价值联系在一起,以便更好地为客户价值的实现服务。

（3）在对员工的个人绩效进行考核时，所选用的考核指标主要是以企业的发展战略与流程为基础制定出来的。

（二）关键绩效指标法的指标体系

运用关键绩效指标法对绩效进行考核，需要有一个合理的指标体系，具体如下。

（1）能对被考核者的增值工作产出进行清晰描述。

（2）能对被考核者的实际绩效水平进行有效追踪，以便衡量被考核者的绩效要求标准与其自身的实际表现是否相符合。

（3）以具体的各项工作产出为依据，提出相应的绩效指标和绩效考核标准。

（4）对每一项增值产出进行等级划分，以明确重要性程度。

（三）运用关键绩效指标法进行绩效管理的具体方法

运用关键绩效指标法进行绩效管理的具体方法，常用的主要有以下几个。

1.成功关键分析法

成功关键分析法就是先将企业获得成功或是取得市场领先地位的关键要点找出并对其进行重点监控，然后将其进行层层分解并最终确定需要考核的关键绩效指标的方法。

2.标杆基准法

标杆基准法就是企业以最具竞争力的企业、行业领先的企业以及最具声望的企业的关键绩效行为为基准，将自己的关键绩效行为与其进行比较，并最终得出与自己的发展特点和发展阶段相符合且能帮助自己获得可持续发展的关键绩效指标的方法。

企业在设定自己的关键绩效指标时，对最具竞争力的企业、行业领先的企业以及最具声望的企业的关键绩效指标进行参考与借鉴是很有必要的，既有助于企业进一步对自己的发展方向和发展目标进行明确,也有助于企业在明确自身差距的同时更好地改进工作,继而获得不断发展。

三、平衡计分卡法

(一)平衡计分卡的定义

平衡计分卡是美国哈佛商学院的卡普兰教授和复兴国际方案总裁诺顿在总结了处于领先地位的十余家公司的绩效管理经验的基础上提出的一种将企业的绩效与企业的发展战略、企业的远景、企业的使命有机联系在一起以及将企业的战略、企业的使命转变为具体的目标和考核标准的绩效考核体系。而平衡计分卡在将企业的战略、企业的使命转变为具体的目标和考核标准时,主要是从财务、客户、内部流程、学习与发展四个角度进行的(图3-6)。

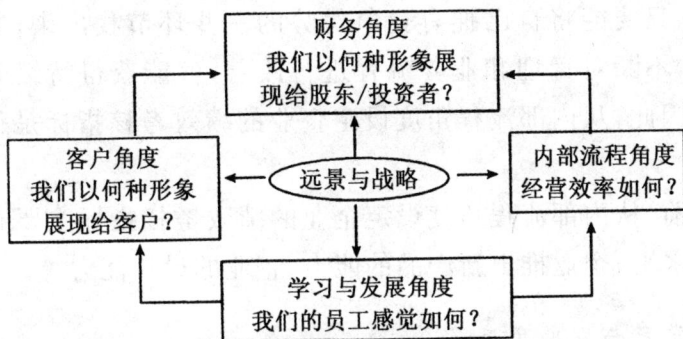

图 3-6

1.财务角度

企业的财务状况是股东和投资者最为关心的,而从财务角度设定企业的绩效考核指标,主要是为了对企业经营活动的最终成果进行综合、全面的衡量,以明确公司给股东以及投资者创造了多大的价值。

当前,从财务角度设定的绩效考核指标主要有资产负债率、应收账款周转率等。

2.客户角度

企业要想获得可持续发展,以长期满足股东和投资者的回报,就必须要对客户这一与自身利益息息相关的群体进行关注。在当前客户至上的年代,企业只有不断地满足客户的需要,向其提供合适的产品与服务,才可能获得生存,并不断地发展下去。因此,从客户角度设定企业的绩效考核指标是很有必要的。

当前,从客户角度设定企业的绩效考核指标主要有客户满意度、客户维持率等。

3.内部流程角度

企业要想获得生存与发展,除了需要密切关注客户和市场外,还需要不断对自身进行完善,即从内部流程角度思考自己的优势和特长。对于一个企业来说,将每一个环节都做到最好是不可能的,只要能将自己拥有竞争优势的一些环节找出来,制定考核指标,不断对管理和业务流程进行改善,就能获得持续不断的发展。因此,从内部流程角度设定企业的绩效考核指标是很有必要的。

当前,从内部流程角度设定企业的绩效考核指标主要有企业的技术水平、企业推出新产品的能力、企业的设计能力等。

4.学习与发展角度

企业的长远发展,与企业自身和员工的不断学习、不断创新是密切相关的。因此,从学习与发展角度设定企业的绩效考核指标是很有必要的。

当前,从学习与发展角度设定企业的绩效考核指标主要有企业的培训费用、员工对工作和企业的满意度、员工的流动比率等。

需要特别指出的是,财务、客户、内部流程、学习与发展四个角度是相互支持的:要想获得良好的财务绩效,必须要有良好的市场表现,对客户进行关注;要想获取市场,必须要对内部流程进行改善;要想内部流程顺利而有效地展开,必须要使员工不断地进行学习与发展。

（二）运用平衡计分卡法进行绩效管理的作用

运用平衡计分卡法进行绩效管理的作用,具体来说有以下几个。

1.可以提供企业绩效管理的战略框架

平衡计分卡是以企业的战略目标以及企业对目标市场的价值定位为基础,将总目标进行层层分解后转化为具体的绩效指标,并将其切实落实到部门和员工。因此,透过平衡计分卡可以看出企业实施战略目标的构想,而这又能为企业的绩效管理提供一个战略框架。

2.可以提高企业的绩效

运用平衡计分卡法进行绩效管理,要求企业所有的人都参与其中,对他们在工作中遇到的问题、积累的经验进行相互探讨。在其影响下,企业将会形成一种持久的学习氛围。而且,持久学习氛围的实现,能进一步协调企业的内部流程以及员工的行为,从而促使企业的绩效不断得到提高。

3.可以协调企业的内部关系

运用平衡计分卡法进行绩效管理,有助于加强部门间的相互交流与合作,从而减少以致消除部门间的摩擦与隔阂,促进企业内部关系的协调。

4.可以调动员工的工作积极性和主动性

运用平衡计分卡法进行绩效管理,会十分注重对优秀员工进行薪资、福利、利润、职位晋升等的回报,因而有助于调动员工的工作积极性和主动性。

(三)运用平衡计分卡法进行绩效管理的注意事项

在运用平衡计分卡法进行绩效管理时,为了确保其实施的有效性,需要特别注意以下几个方面。

1.企业必须要有明确的战略规划

平衡记分卡从实质上来说,就是将企业战略规划划分为具体的经营行为,并对具体经营行为实施监控,以确保企业战略规划的最终实现。因此,企业只有具有明确的战略规划,才能运用平衡计分卡法进行绩效管理。

2.企业必须要有与实施平衡记分卡相配套的制度

运用平衡计分卡法进行绩效管理时,需要企业内部有与之相配套的制度,包括财务预算、岗位职责划分、内部信息平台建设、管理流程等。

3.企业管理者要支持运用平衡计分卡法进行绩效管理

运用平衡计分卡法进行绩效管理的有效进行,离不开企业管理者尤其是高层管理者的支持。而且,企业管理者应亲自参与平衡计分卡的制定,以确保企业的战略能真正被落实。

4.企业员工要有较高的素质

据相关研究表明,企业员工的素质对于运用平衡计分卡法进行绩效管理的效果也有一定的影响。因此,企业在发展的过程中,要特别注意促进员工素质的不断提高。

第三节　民营企业绩效管理体系的构建

民营企业在进行绩效管理时,构建一个与自身发展相符合的绩效管理体系是十分重要的。

一、民营企业绩效管理体系构建的重要性

对于民营企业来说,构建绩效管理体系除了能提高企业和员工的绩效外,还具有以下几方面的意义。

(一)有助于实现企业的愿景目标

民营企业在进行人力资源管理时,最为重要的一项工作就是进行绩效管理。而且,民营企业通过管理与评估企业的绩效以及员工的工作绩效,可以有效促进员工个人的工作绩效和企业整体的工作绩效的提高,并对自身的人力资源管理机制进行完善,最终使企业的愿景目标得以实现。

(二)能够为利益分配提供评判依据

民营企业在构建了绩效管理体系后,既可以依据绩效考核的阶段结果对员工进行日常的精神激励,也可以依据绩效考核的最终结果对员工进行调整工资、分配奖金等物质奖励,以及进行职位升降、岗位调整等人员变动。

二、民营企业绩效管理体系构建的总体思路

民营企业在进行绩效管理体系构建时,需要遵循一定的总体思路,具体如下。

(1)要积极融入企业伦理理念进行构建。企业伦理的概念提出于 20 世纪 70 年代,是企业用来对企业与社会间、企业与客户间、企业内部员工间的关系和行为进行规范的一种方法。根据近几年管理专家的研究,企业只有具有合乎企业伦理的经营以及科学的绩效管理才可能获得可持续的发展,因此民营企业应积极将企业伦理理念与企业的绩效管理有机结合在一起,并构建一套融

合企业伦理理念的绩效管理体系,来促使自身不断获得发展。

(2)要将构建的中心放在"安全生产"以及"经济效益"两个方面。

(3)要将构建的落脚点放在增强价值创造力和可持续发展力两个方面。

(4)要将构建的目标放在全面建设"五型企业"上。所谓"五型企业",就是资源节约型企业、质量效益型企业、科技创新型企业、本质安全型企业以及和谐发展型企业。

三、民营企业绩效管理体系构建的原则

民营企业在进行绩效管理体系构建时,需要遵循一定的原则,具体来说有以下几个。

(一)公开性原则

民营企业在进行绩效管理体系构建时,所有的绩效考核标准和绩效考核流程都应以明文规定的形式呈现出来,以便考核者和被考核者都能够按照规范化的程序去参与绩效管理,进而保证绩效考核结果的准确性和公平性。

(二)参与性原则

民营企业绩效管理体系的构建,离不开全体员工的共同参与。具体来说,在绩效目标制定的过程中,只有与员工进行充分的沟通,才能确保最终制定的绩效目标被员工认可和接受;在绩效实施的过程中,员工才是真正的主体;在绩效考核的过程中,只有员工积极参与,才能保证考核结果的真实性和公正性;在绩效反馈的过程中,只有员工共同参与,才能确保绩效反馈的有效进行。

(三)差异性原则

民营企业在进行绩效管理体系构建时,要充分考虑到部门与

部门之间、岗位与岗位之间所存在的差异,并依据部门和岗位的实际工作内容制定与之相符合的考核标准。同时,民营企业运用绩效管理体系进行绩效考核时,要保证考核的结果之间有适当的差距,绝不可搞平均主义。

(四)沟通性原则

民营企业在进行绩效管理体系构建时,不论是制定绩效目标、形成绩效计划,还是实施绩效考核、调整绩效目标,都需要与员工进行及时、充分且长期的沟通。

四、民营企业绩效考核体系的构建

在民营企业的绩效管理体系中,绩效考核体系是一项非常重要的内容,而且绩效考核体系构建得是否合理,将深刻影响到企业的绩效管理能否得到有效实施。因此,在这里着重分析一下民营企业绩效考核体系的构建。具体来说,在进行民营企业绩效考核体系的构建时,需要从以下几个方面着手。

(一)对绩效考核体系的内容进行确定

在确定绩效考核体系的内容时,通常需要从以下几个方面着手。

1.确定绩效考核者

通常来说,民营企业的绩效考核者就是参与绩效管理的管理者、员工以及客户。

2.确定绩效被考核者

通常来说,民营企业的绩效被考核者主要有两类:一是企业的部门;二是企业的员工。

3.确定绩效考核的内容

绩效考核的内容既是绩效考核体系构建的重要环节,也是绩效管理体系的核心内容。在确定绩效考核的内容时,通常需要从部门绩效考核的内容和员工绩效考核的内容两个方面进行。

(1)确定部门绩效考核的内容

在对部门绩效进行考核时,主要依据应该是部门在一年的年初与企业签订的绩效合约或是业绩责任书,而且应该以关键业绩为主对部门绩效进行月度、季度和年度三个层次的考核。

此外,在进行部门绩效考核时,还要注意将满意度作为一种考核内容,但其所占的比重不可太大。

(2)确定员工绩效考核的内容

在民营企业中,员工又可以细分为公司经理、部门负责人和部门员工三类,而且每一类都有着与自身职位相符合的绩效考核内容。

在对公司经理进行考核时,主要依据应该是其与企业签订的目标责任书,同时要考虑到员工对公司经理的满意度。

在对部门负责人进行考核时,主要依据应该是其与企业签订的部门绩效合约,同时要考虑到部门员工对部门负责人的满意度。

对部门员工进行考核时,主要依据应该是其与部门负责人签订的绩效合约,同时要考虑到本部门员工以及协作部门员工对其的满意度。

4.确定绩效考核的周期

确定绩效考核的周期,也就是明确多长时间需要进行一次绩效考核。对于民营企业来说,绩效考核的周期主要有两种:一是有固定时间间隔的考核;二是没有固定时间间隔的考核。

(1)有固定时间间隔的考核

有固定时间间隔的考核,通常就是月度考核、季度考核和年度考核。

（2）没有固定时间间隔的考核

没有固定时间间隔的考核,通常就是在一个工作任务或是一个项目完成后进行考核。

（二）对绩效考核体系的考核指标进行确定

一般来说,民营企业绩效考核体系的考核指标会在目标责任书或是绩效合约中体现出来,包括定性指标和定量指标两个方面。其中,定性指标如客户对员工的评价、员工的工作态度、员工的工作能力和学习能力、员工的工作完成情况等;定量指标如员工和部门的业绩量、企业的净资产收益率等。

（三）对绩效考核体系的考核方法进行确定

民营企业在进行绩效考核时,既可以运用360度反馈法、关键绩效指标法、平衡计分卡法,也可以运用以下几种方法。

1.目标管理法

"目标管理"这一概念是由管理大师彼得·德鲁克在1954年最早提出的,他在其著作《管理实践》中明确指出,目标不是随着工作而产生的,工作则是随着目标而产生的。同时,德鲁克又指出,公司必须将自己的使命和任务转化为具体的目标,因此管理者在管理下属时主要通过目标这一方式。

对于民营企业来说,运用目标管理法进行绩效考核就是当企业目标被高层管理者确定之后,就需要有效地对其进行分解,转变为部门的目标以及员工的目标。而目标在实行一段时间后,管理者就可以依据目标的实现情况对相应的下属进行考核、评估和奖惩。

2.企业绩效模型法

企业绩效模型是以企业战略和企业发展目标为依据制定的,

因此,当企业战略和企业发展目标发生变化时,企业绩效模型也要进行相应的调整。

运用企业绩效模型法进行绩效考核,就是以企业绩效模型为依据制定部门和员工的关键绩效考核指标库,然后针对具体部门和员工在关键绩效考核指标库中提取相应的指标并确定权重,继而考核部门和员工的绩效。由此也可以知道,运用企业绩效模型法进行绩效考核有着较强的可操作性。

3.能力素质模型法

在日益残酷的市场竞争中,民营企业要想获得竞争优势,就必须要形成核心竞争力,而民营企业核心竞争力的形成又与员工的核心能力有着极其密切的关系。因此,民营企业在进行绩效考核时,也可以运用能力素质模型法。

所谓能力模型,就是用行为方式对员工完成某一项工作或某一项任务所需要具备的知识、能力、技巧和品质等进行描述。因此,运用能力素质模型法对员工进行绩效考核,主要是考核员工的能力素质是否与岗位的要求相符合,以不断激励员工有针对性地对自身能力素质进行提高。

4.满意度模型法

在民营企业中,只有部门和员工满意,才可能使客户满意,进而使企业的竞争力得到提高。若是部门与部门、员工与员工之间的满意度较低,则部门与部门、员工与员工之间在工作上会出现较多的推诿、扯皮、拖拉现象,继而引起客户的不满,导致企业的竞争力不断下降。因此,民营企业在进行绩效考核时,也要特别注意满意度模型法。而在运用满意度模型法进行绩效考核时,需要从三个方面着手,即部门满意度、员工满意度和客户满意度。

第四章 民营企业知识产权管理研究

知识产权是企业的一项重要的资源,在社会发展中发挥着重要的作用。随着知识产权制度在经济社会中战略地位的不断提升,民营企业知识产权管理工作对于民营企业的发展显得越来越重要。本章内容主要对民营企业知识产权管理的相关问题进行研究。

第一节 民营企业知识产权管理的基本认知

一、民营企业知识产权管理的概念

企业知识产权管理既属于知识产权管理范畴,同时也属于企业科学管理的范畴,在企业管理中占有重要的地位,并贯穿于企业发展的整个过程。从企业管理的整个过程来看,企业知识产权管理应与企业经济管理、科技管理相结合,避免知识产权管理与科技、经济的分离,以更好地发挥其作用。企业应从企业知识产权管理水平、能力、制度方面出发,对其有一个全面的认识。

总体来说,民营企业知识产权管理是"为规范民营企业知识产权工作,充分发挥知识产权制度在其发展中的重要作用,促进自主创新和形成自主知识产权,推动和强化对知识产权的有效开发、保护、运营,而对民营企业的知识产权进行的有计划地组织、协调、谋划和利用的活动"①。加强对民营企业知识产权的管理,

---

① 冯晓青:《知识产权管理:企业管理中不可缺少的重要内容》,长沙理工大学学报,2005 年第 1 期。

有利于提高企业运营知识产权的水平,不断提升市场竞争力。

二、民营企业知识产权管理的特点

(一)整体性

知识产权管理具有整体性的特点,它由不同的部分组成,每部分之间相互影响,对企业知识产权管理的总目标发挥着重要的作用。就纵向过程而言,企业知识产权管理贯穿于产业发展的整个过程;就横向过程而言,知识产权管理与企业的生产经营活动有着密切的联系。

(二)开放性

企业知识产权管理具有开放性的特征。知识产权管理在内部各部分相互协作的基础上,与外界不断进行人、财、物、信息的交流,进而形成合作的关系。

(三)复杂性

企业知识产权管理涉及不同的学科、不同的知识领域,而不同的学科领域涉及的内容也各不相同,因此,在知识产权的管理过程中,要根据具体情况而定。

(四)战略性

企业知识产权管理的战略性,主要是指从战略高度出发,将知识产权作为企业重要的经济资源,实现最佳的经济效益,并不断提高其在国际市场上的竞争力。

三、民营企业知识产权管理的意义

(一)有利于提升企业的创新能力

在知识经济时代,拥有自主知识产权是提升一个国家综合实力的重要途径。而知识产权的产生主要借助企业创新能力的提高。相比于发达国家,我国大多数企业缺乏创新力,知识产权的存量不足,这严重阻碍了我国企业竞争力的提升。加强企业知识产权管理能够有效提升企业的创新能力,具体体现在以下几个方面。

第一,可以增强企业员工的创新意识,使其具有对技术或者产品进行创新、改进的积极性。

第二,建立知识产权奖励机制,对进行创新和研发的企业员工予以优厚的待遇,提高员工创新的积极性和主动性。

第三,借助外部力量进行创新和研发,对于创新能力不足的企业而言,可以通过产学研相结合的方式不断提升自身的创新能力。

第四,为企业研发工作的开展创造条件。同时,企业通过专利信息检索和分析,对企业的研发方向进行指导。

(二)有利于科学有效地运营知识产权

知识产权只有得到有效的运营,才能实现其经济效益,才能为企业创造更多的利润。企业可以通过对外投资或者进行知识产权许可等多种途径进行集资,进而促进各项资金的良性循环,为企业创造良好的经济效益和社会效益。

目前,一些发达国家的大型跨国公司能够对知识产权进行熟练的运营,进而提升企业的核心竞争力,并占据了广阔的市场。而我国的中小型企业,以及一些大型企业并不能很好地运营知识产权,这极大地阻碍了企业核心竞争力的提高。因此,企业应通过知识产权管理,实现知识产权科学有效运营,不断扩大我国企业的市场份额,为其走向世界奠定基础。

(三)有利于增强企业的知识产权保护能力

知识产权保护是企业知识产权管理工作的一项重要内容。加强企业知识产权管理,能够不断增强企业知识产权的保护能力,具体体现在以下几个方面。

首先,通过知识产权管理,建立知识产权侵权预警机制,避免侵权行为的发生。企业可以采取相应的措施,防止知识产权受到侵犯,以降低侵权的风险和维权的成本。例如,对商业秘密采取有效的保密制度和措施,对商标进行及时注册等。

其次,通过知识产权管理,建立侵权的快速反应机制,一旦发生侵权行为,及时采取有效的应急措施,将损害降低到最小限度。

最后,通过知识产权管理,有利于知识产权的维护。由熟悉知识产权事务的专业管理人员对企业知识产权工作进行管理,维持专利权和商标权将变得更为容易和有效。企业知识产权管理人员具有相应的专业背景和知识,懂得采用何种方式进行保护,通晓谈判技巧和诉讼策略等。综上所述,企业的知识产权管理,可以增强企业知识产权保护的能力。

(四)有利于提高解决知识产权纠纷的能力

近年来,一些大型跨国公司多次通过知识产权策略打压我国民营企业,以达到巩固市场优势的目的,知识产权纠纷也因此频繁发生。面对竞争对手通过知识产权发起的攻击,我国民营企业面临的一个严峻的问题就是对自身权益的维护。通过对知识产权纠纷进行管理,企业可以建立健全知识产权预警应急机制,在纠纷发生之前,积极采取有效的预防措施;在纠纷发生之后,及时采取强有力的应对措施。

(五)有利于促进企业的对外交流合作

对外交流合作是企业获取市场信息、提升影响力及竞争力的重要手段。加强企业知识产权管理有利于促进企业对外交流合作,化解纠纷。在知识产权的贸易中,企业知识产权管理人员能够为企业提供有效的意见进行参考;在知识产权行政管理过程中,企业知识产权管理人员可以与行政人员进行交流与沟通,不断提高管理效率;在知识产权运营过程中,企业知识产权管理人员可以有效指导企业今后的发展方向。在产生知识产权纠纷后,企业知识产权管理人员可以采取及时有效的应对措施化解纠纷。

四、民营企业知识产权管理的内容

企业知识产权管理工作主要包含以下九方面内容："①知识产权战略的制定;②知识产权制度的建立与执行;③知识产权管理人员的配置;④生产经营中的知识产权策略指导;⑤知识产权的获得与维护;⑥知识产权的交易;⑦知识产权信息的利用;⑧知识产权纠纷的预防;⑨知识产权纠纷的处理。"[①]

企业知识产权管理涉及很多方面,很难将其内容进行具体化。根据知识产权管理对象的不同,可分为专利管理、商标管理、商业秘密管理等,每一类又可细分出不同的管理措施,具体内容见表4-1。

表 4-1 知识产权管理分类

管理类型	具体管理内容
专利管理	专利的申请、专利信息的收集与利用等
商标管理	商标注册、商标许可和转让等
商业秘密管理	商业秘密意识培养、商业秘密保密协议等

五、民营企业知识产权管理的任务

企业知识产权管理的任务,是指"通过依靠和利用知识产权制度,有效地利用专利、商标、商业秘密等加强企业的知识产权保护,防止知识产权这类无形资产的流失,提高知识产权的运用效益,为企业技术创新、创立驰名商标以及生产经营全过程服务"[②]。

---

① 张帆:《企业知识产权管理一站式解决方案》,电子知识产权,2003年第10期。

② 何敏:《企业知识产权保护与管理实务》,北京:法律出版社,2002年,第313页。

对于高新技术企业来说,知识产权是其自身发展最重要的资产,其知识产权管理的目标是在对知识产权进行保护的基础上创造更大的效益。而对于中小企业来说,管理知识产权的目标主要是增加企业的商业价值,实现创新产品的商业化,筹集资金。

第二节　民营企业的专利与商业秘密管理

专利在企业的发展中发挥着重要的作用,专利管理是现代企业科学管理的重要组成部分,贯穿于产品开发、科技创新、产品销售的整个过程。民营企业,尤其是民营科技企业如果没有以专利技术为核心的自主知识产权,其发展就会失去生机。而商业秘密作为一种无形资产,尤其是其中的技术信息和经营信息受到企业越来越多的重视。在未能申请专利的情况下,民营企业应加强商业秘密的管理。下面主要对民营企业的专利管理和商业秘密管理的相关内容进行分析。

一、民营企业的专利管理

(一)专利概述

1.专利的概念

专利(专利权的简称),是指"国家专利主管机关依法授予专利申请人及其权利继受人在一定期间内实施其发明创造的独占权"①。专利是企业一项重要的知识产权,同时也是一种无形的财

---

① 万志前:《智能经营民营企业知识产权管理》,天津:天津大学出版社,2010 年,第 41 页。

产权。专利包含三层含义：一是指专利权；二是指专利文献；三是指一项技术。

2.专利的特征

专利具有以下几个特征。

（1）专有性

专有性，又称独占性，是专利持有者对其发明创造所享有的专有性的制造、使用、出售和进口的权利。任何单位和个人在没有经过专利持有者允许的情况下，不得以生产经营为目的的制造、使用、出售和进口专利产品，否则，构成侵犯专利权。

（2）时间性

时间性，是专利持有者对其发明创造所拥有的专利权只在法律规定的时间内有效，达到一定期限后，专利持有者对其发明创造不再享有专有权，其他人可以无偿使用。

（3）地域性

除了签订国际公约或双边互惠协议之外，依据某一个国家专利法授予的专利权，只在该国法律管辖内产生法律效力，不对其他国家产生约束力。因此，其他国家对其专利权不承担保护义务。例如，一项发明创造只在我国取得了专利权，如果有人在别的国家制造、使用、出售该发明创造，不构成侵犯专利权。

（4）国家授予性

作为专利的发明创造必须经专利主管机关依照法定程序审查确定，未经审批，任何一项发明创造都不能称为专利。

（二）专利申请

1.专利申请的必要性

专利申请是对技术创新成果进行保护的一种重要方式。专利权是保护发明创造的有效形式，但并不是唯一形式。此外，还包括技术秘密和公开成果。相对于其他形式的保护而言，专利保护最严格,具有绝对的排他性。需要注意的是,专利是一把"双刃剑",既可能保护企业利益,也可能会损害企业利益。由于在申请专利时,申请文件必须公开,竞争对手不可避免地会获得有关技术的信息,并有可能在此基础上进行创新,迅速形成技术方面的超越。因此,申请人在满足法定要求的"充分公开"前提下,应把某些技术内容以商业秘密的形式加以保护,进而实现对技术创新成果的最佳保护。

2.专利申请种类的选择

发明、实用新型和外观设计是我国专利法保护的发明创造的三种类型。申请人应根据具体情况确定专利申请的种类。

(1)发明专利

能够取得专利权的发明有产品发明和方法发明。可以说,发明创造不管是产品,还是方法,都可以申请发明专利,具体可参考以下几点:第一,技术水准较高的发明创造,尤其是具有开创性的发明创造,适合申请发明专利;第二,各种方法类的发明创造应通过申请发明专利进行保护;第三,其他不受实用新型保护的发明创造(气体、液体等无确定形状的产品)适合申请发明专利;第四,市场寿命较长或开发试验周期长的发明创造应申请发明专利。

(2)实用新型专利

我国实用新型专利只对产品进行保护,而且规定了具体的保护范围,因此只有符合规定的发明创造才适合申请实用新型专利。除此以外,还应考虑以下因素:第一,不容易申请发明专利的产品,适宜申请实用新型专利;第二,市场寿命较短或产品更新换代周期不长的发明创造,应申请实用新型专利。

(3)外观设计专利

外观设计专利只对产品的外观(形状、图案、色彩)或者具有美感并适用于工业上应用的新设计进行保护。需要注意的是,外观设计是对产品的外表所作的设计,它必须与产品密切相关。与实用新型相比,外观设计侧重对其具有美感的设计进行保护。

3.专利申请时机和地域的选择

(1)专利申请时机的选择

在专利授权方面,主要有两种方式,一是先申请原则,二是先发明原则。和世界上大多数国家一样,我国采用先申请原则(即授予最先申请的人以专利权),并以申请日为准判断申请时间的先后。因此,一项发明创造产生之后,应及时申请专利,避免被他人捷足先登,致使自己生产出的产品无法销售。

在对专利的申请时机进行选择时,应依据企业具体技术创新成果和竞争对手的技术水平。对于基础发明,一般情况下要等其应用研究和周边研究基本成熟后再提出专利申请,防止其他企业在此基础上进一步创新,或抢先申请应用发明专利,进而造成对自己基础发明的封锁。

(2)专利申请地域的选择

地域选择战略是指"企业在进行专利申请时综合评估、分析专利产品的技术价值和市场分布等情况,根据不同情况选择不同的专利申请地域,以获得最优专利授予方式"①。在经济全球化的影响下,知识产权保护成为一种全球性的活动,"企业到国外申请专利是实施专利技术输出战略的重要前提,也是企业开拓和占领国际市场的重要手段"②。

(三)专利实施

专利实施是指"为生产经营目的制造、使用、销售、进口专利

---

① 万志前:《智能经营民营企业知识产权管理》,天津:天津大学出版社,2010年,第59页。
② 冯晓青:《企业知识产权战略》,北京:知识产权出版社,2001年,第135页。

产品,使用专利方法及使用、销售、进口依照该方法直接获得的产品"①。专利只有通过实施才能生产出具体的产品,转化为现实的生产力,不断增强企业的市场竞争力。具体而言,专利实施的方式主要有以下几种。

1.独占实施

独占实施,又称专利技术垄断,即"专利权人独自享有该专利,不对外转让或许可他人使用,达到合理垄断某一特定市场之目的。同时对专利侵权行为,利用法律手段迫使侵权者支付赔偿金,以获得巨大利益"②。独占实施具有一些自身的优势,具体如下。

第一,对自己拥有的专利技术各方面都比较熟悉,成功率较高。

第二,便于提前做好生产专利产品的准备工作,抢占市场先机。

第三,有权禁止他人实施,只要经营合理,可以获得持久的利益。

第四,发明人亲自参与专利实施的全过程,有利于对专利技术不断完善。

2.专利技术交叉许可

专利技术交叉许可,是指企业之间通过将自己的专利技术与对方相应技术进行对等交换,实现对专利资源的充分利用,以谋取最大的利益。

3.专利技术有偿转让和许可

企业研发出的专利技术、产品除了自己实施生产外,还可以

---

① 万志前:《智能经营民营企业知识产权管理》,天津:天津大学出版社,2010年,第62页。

② 同上。

有偿转让专利的所有权或使用权,以获取更大的经济利益。专利有偿转让主要出现在一些实力雄厚的大企业中。就专利所有权有偿转让来说,企业转让专利技术主要运用于以下几种情境:一是企业本身由于资金不足难以开拓市场;二是专利技术开发后,出现了具有相同效能的替代品;三是企业想通过专利技术的转让将自己的产品或商标施加给受让方,进而扩大产品市场占有率。

(四)专利侵权诉讼

1.专利侵权诉讼进攻

企业要向竞争对手发起专利侵权诉讼进攻时,要明确诉讼目的,做好诉讼前的准备工作,选择恰当的对象、时机,进而实现利益最大化。

(1)明确诉讼目的

专利侵权诉讼从本质上讲是对企业经济利益的维护,以实现企业利润的最大化。专利侵权诉讼的目的主要有以下几个方面:一是迫使竞争对手退出相关市场;二是在短时间内提升企业知名度;三是增加谈判的条件;四是扰乱竞争对手的市场推进策略;五是收取高额的侵权赔偿金。民营企业在专利诉讼前必须明确诉讼是出于哪一种目的,并采取相应的策略。

(2)做好诉讼前的准备工作

企业在向竞争对手提起专利侵权诉讼之前,应做好充分的准备工作,具体包括以下几点。首先,企业应对其专利的有效性进行再次评估。其次,对与专利侵权诉讼有关的情报进行全面、准确的分析,出具相应的分析报告。再次,对专利侵权诉讼胜诉的可能性进行客观评估。最后,对专利侵权诉讼可能面临的风险进行准确评估,并做好防范工作。

(3)选择恰当的诉讼对象

在专利侵权诉讼中,选择恰当的诉讼对象起着非常重要的作用。专利侵权者除了涉及直接使用专利技术的制造商,还包括专利产品的销售商或者进口商。企业在选择诉讼对象时,应考虑以下两点。第一,如果侵权者是一些小企业,则应向其中具有代表性的企业提起诉讼。第二,如果侵权者是一些大企业,则应选择其中较弱的企业,从最容易被击败的企业下手。需要强调的是,尽量不要对所有竞争对手一并提起诉讼,避免被诉者相互联合,因此,应对侵权者逐一进行诉讼。

(4)选择恰当的诉讼时机

如果诉讼时机选择恰当,企业就能够从中获得最大的效益。企业可以选择以下时机对侵权企业提起诉讼:一是竞争对手处于困难时;二是竞争对手财务状况不佳时;三是竞争对手正在进行重大活动时;四是竞争对手已经为侵权付出了相当成本之后。

2.专利侵权诉讼防守

企业一方面要利用专利侵权诉讼向竞争对手发起主动进攻,同时也要防止遭遇他人提起的专利侵权诉讼攻击。专利侵权诉讼防守主要是针对他人提起的诉讼攻击,具体而言,主要可采取以下策略。

(1)抓住对方专利的弱点

企业在遭遇竞争对手提起的专利侵权诉讼时,应及时对被指控侵权的专利的相关细节进行分析,判断该专利的技术特征及其保护范围,并挖掘对方专利无效的证据。

(2)分析诉讼程序上的漏洞

企业在应对对方专利侵权诉讼时,要善于发现并利用竞争对手在诉讼程序上存在的漏洞,企业可以借此扭转不利形势。首先,被诉企业可以提出管辖权异议,争取到对自己有利的法院管辖,可节约自身诉讼成本,同时避免竞争对手利用管辖法院寻求地方保护。其次,被诉企业可以质疑诉讼主体资格。最后,被诉企业可以对对方提出的证据进行质疑,反驳对方的诉讼事实或者诉讼请求不成立。

（3）积极行使诉讼权利

当被诉企业发现自己确属侵权时，应想方设法将对方提出的侵权赔偿额降到最低。企业应对自己侵权的程度进行正确的评估，如果确实构成侵权，则与对方进行谈判，尽量降低赔偿数额。此外，应大胆质疑对方提出的赔偿请求证据。

（4）争取达成和解

被诉企业在诉讼之初，应对和解的可能性进行积极的分析，并采取有效的措施促成和解，以避免消耗大量的时间和巨额的诉讼费用。如果原告提出的诉讼赔偿数额合理，而且原告在该领域的市场占有率不高，甚至还没有经营相关产品，那么该竞争对手提起侵权诉讼的目的可能只是为了获取许可费，或者是为了与对方实现专利技术的交叉许可合作，这种情况下，达成和解的几率较大。而如果原告提出的赔偿数额相当大，且原告在该领域的市场占有率较高，则原告起诉的目的很可能是要求对方退出相关市场，从而达到垄断市场的目的，这种情况下，基本上很难达成和解。

二、民营企业的商业秘密管理

（一）商业秘密概述

1. 商业秘密的概念

商业秘密伴随着商品经济的产生而产生，它是经济发展的产物，是社会经济与科技进步的缩影。在我国的法律规范中，1993年的《反不正当竞争法》对商业秘密进行了明确的定义，商业秘密是指"不为公众所悉，能为权利人带来经济利益，具有实用性并经权利人采取保密措施的技术信息和经营信息"。1995年11月23日国家工商行政管理局颁布的《关于禁止侵犯商业秘密行为的若干规定》（1998年修订）对商业秘密进行了详细的解释："不为公众所知悉,是指该信息不能从公开管道直接获取。能为权利人带来经济利益,具有实用性,是指该信息具有确定的可应用性,能为权利人带来现实的或者潜在的经济利益或者竞争优势。"

2.商业秘密的范围

根据我国相关法律的规定,商业秘密可分为技术信息和经营信息,其中技术信息是指"凭经验或者技能产生的在实际中尤其是工业中适用的技术情报、数据或知识",而经营信息是指"具有秘密性质的经营管理方法以及与经营管理方法相关的信息和情报"①。具体而言,主要包括以下内容。

(1)产品

企业内部研发的产品,在没有申请专利的情况下,正式进入市场之前,就属于商业秘密。

(2)配方

商业秘密的常见形式包括工业配方、药品配方、化学配方等。例如,有些化妆品配方,各种含量的比例就属于商业秘密。

(3)研究开发的有关文件

记录了研究和开发活动内容的文件,具体包括蓝图、实验结果、设计文档、标准件最佳规格等。

(4)企业内部文档

与公司各种重要经营活动相关的文档,如采购计划、销售计划、会计财务报表等都属企业的"商业秘密"。

以上情形只是商业秘密中几种常见的类型。商业秘密是一种"信息",其涉及范围极其广泛,凡是对企业有利,并经企业采取了保密措施加以保护的信息,都属于商业秘密。

(二)商业秘密的获取

与其他知识产权相比,商业秘密并不具有专有性,也就是说,

---

① 万志前:《智能经营民营企业知识产权管理》,天津:天津大学出版社,2010年,第62页。

某一主体获取商业秘密并不排斥其他主体以相同或不同的方法获得相同的商业秘密。因此,企业在依靠自身力量积极开发创新技术信息和经营信息的同时,还应通过其他合法途径获取商业秘密,不断提高企业的市场竞争力。具体而言,获取商业秘密的途径主要有以下几种。

1.通过独立研发获取商业秘密

相关法律规定,通过自行开发研制获得的商业秘密,不认定为《反不正当竞争法》有关条款规定的侵犯商业秘密行为。技术创新是企业发展的核心力量,企业在独立研发过程中,应尽量缩小商业秘密信息的使用范围,同时对商业秘密核心部分进行准确定位,确保技术的独立开发性。

2.通过签订合同获取商业秘密

通过签订商业秘密转让合同获得商业秘密,是获得商业秘密最常用的方式。我国《合同法》第 347 条规定了技术秘密转让合同的受让人应当按照约定使用技术,支付费用,承担保密义务;应当采用书面形式,同时技术秘密转让合同的让与人应当按照约定提供技术数据,进行技术指导,保证技术的实用性、可靠性,承担保密义务。

3.通过商业秘密情报分析获取商业秘密

对公开文献进行收集整理提炼合成是获取"商业秘密"的一个重要途径。各个企业在进行商品交流的同时,也进行着大量的文献交流,在这些动态的文献交流中,往往包含着企业的"商业秘密",如综述报告、广告报导、统计报表及各种形式的宣传品等。通过情报分析获取商业秘密的具体方式有收集竞争对手丢弃的数据"废品";利用竞争对手召开的新产品的新闻发布会;获取竞争对手发行的产品数据等。

（三）商业秘密内部管理

从企业内部管理角度来看,商业秘密的保密措施主要包括以下三方面。

1.建立商业秘密的管理机制

（1）制定保密方案

为加强商业秘密的管理,企业应制定一个有效的操作性强的方案。明确本企业商业秘密的具体范围,并对商业秘密进行分类,明确保密的责任和具体措施。

（2）设立管理机构

在商业秘密保护工作中,国家通过强制性的手段对商业秘密进行保护,这主要是对于侵犯商业秘密的行为,通过行政或法律的手段对其予以制止和惩处。但商业秘密的保护,主要依靠权益人的事实保护,采取相应的保密措施,避免商业秘密的泄密。为此,民营企业应设立商业秘密管理机构,并配备专职或兼职工作人员,明确规定本企业秘密事项,并根据实际情况制定相应的管理办法,负责本企业在经济往来、技术转让等经济活动中的商业秘密的管理。如果发现商业秘密的合法权益受到侵害,应及时通过行政或司法途径进行解决。

（3）分类管理制度

就商业秘密的分类而言,最常见的是按照情报数据涉密的程度（密级）进行分类,主要可分为以下几类。一是关键性商业秘密（绝密级）,即一个企业具有价值的商业秘密,如配方、生产工艺等,这些商业秘密是企业赖以生存的基础,为此,企业管理者必须对其进行重点保护。二是重要性商业秘密（机密级）,这类商业秘密如果被泄露,会使企业遭受巨大经济损失。三是一般性商业秘密（秘密级）,这类商业秘密对竞争者也有价值,但竞争对手得到它不会使权利人遭受不可弥补的损害。

2.物理性保密措施

物理性保密措施,主要是指通过物理性的隔离措施对商业秘密进行保护,这是保护企业商业秘密的最基本措施。具体而言,物理性保密措施包括以下几方面。

(1)门禁管理

门禁管理包含外来人员进出登记,对文档、物料进行认真检查、核对,制作窗体并明确划分批准权限,24小时保安值班,厂区四周布置监控摄像探头等。

(2)厂区或生产区域的保密措施

厂区可通过围墙与外界进行隔离,设置专门出入口供职工、访客、运货车出入,并做好厂门处的安全管理工作。在厂区内按重要性不同划分保密区域,并使用不同的警戒标识进行区分,设置人员进出相应区域的批准权限,进入保密区域禁止携带具有摄像、照相、录音功能的物品。通常而言,公共会客场所保密等级低,而生产和办公场所、工程研发场所的保密等级较高。

(3)生产设备和原材料、零部件的管理

将含有商业秘密的生产过程安排在特定的保密区内进行;机器设备或操作间与外来视线隔离;保密的工作程序可简化为用电子按键在外部操作等。对属于商业秘密的原材料,用密闭容器盛装,不标名称,用颜色或符号代表。对秘密的模具由专人保管,并建立详细的使用记录。

(4)重要文档管理

企业文档包括公文、函件、图纸、磁盘、胶片、幻灯片、录音带等,这些文件记载着重要的商业秘密,须进行严格管理。

(5)计算机网络管理

网络技术的发展,使商业秘密的保护面临着前所未有的挑战。计算机泄密具有极大的隐蔽性和破坏性。与传统的秘密载体相比,计算机能大量存储、高速处理信息,但存在诸多泄密隐患。为防止商业秘密的泄露,商业秘密的计算机系统应做到专人使用、专人管理,明确责任。外修时必须先拆卸涉密磁盘或派人随机监督,防止商业秘密被修理人员窃取。设置有足够强度的口令,并且要经常更换。

3.人员方面的保密措施

(1)限制知悉商业秘密的人员

商业秘密一旦公开就会丧失其价值,但又必须经过应用才能创造价值,因此必须对知悉商业秘密的人员进行限制。总的思路是将商业秘密包含的信息进行分散,然后交到权利人信任的人员手中,每个人掌握的商业秘密仅仅是执行职务活动所必需的,只有权利人及其最信任的人能够掌握完整的商业秘密。

(2)签订保密协议、竞业禁止协议

对于因职务需要必须掌握商业秘密的人员,企业应与其订立保密协议,对保密范围进行明确,并规定双方的权利和义务,强化违约责任。订立保密协议是保密措施的一个重要方面。保密协议既可以表现为劳动合同中的保密条款,也可以是单独的保密协议。

目前,商业秘密纠纷主要是由于雇员带走雇主的商业秘密,与雇主从事具有竞争性的活动引起的。因此,企业可以通过与雇员签订竞业禁止协议,以防止竞争者引诱员工跳槽。竞业禁止协议是指"单位与知悉商业秘密的人员约定在解除劳动关系后一定时间内,该人员不得自己经营或在生产或经营与商业秘密信息相关竞争行业的其他单位任职,单位给予一定补偿的协议"[①]。可以看出,竞业禁止协议与员工的择业自由相冲突。为了避免企业利用竞业禁止协议限制员工的择业自由,竞业禁止协议签订时应注意以下四点:一是适用人员不应过多;二是禁止就业范围不宜过宽;三是规定合理的限制期限;四是向雇员支付一定补偿。

---

① 万志前:《智能经营民营企业知识产权管理》,天津:天津大学出版社,2010年,第137页。

需要注意的是,竞业禁止只是限制涉密人员的择业,而不等同于保密义务。竞业禁止期满后,受限制人员不再受择业方向限制,但并不意味可以泄露、使用原单位的商业秘密。

(3)以经济手段保护商业秘密

企业制度(包括人事、福利制度等)不完善,会导致职工对企业产生不满情绪,进而选择离职甚至另创企业,这也是企业秘密外泄的主要原因。因此,在雇佣合同中,可规定反诱因条款,确立合理的福利制度及人事升迁管道,创建和谐的劳资关系,降低职工的离职率以减少其泄露秘密的可能性。通过经济手段保护商业秘密,主要可采用以下几点措施:一是建立骨干技术人员的特殊薪酬政策;二是可用长期劳动契约保护商业秘密;三是将新产品分成数额不等的股份,奖励给参与研制新产品的技术人员。

(四)商业秘密外部管理

在市场经济条件下,企业经常与外界发生各种关系,在此过程商业秘密也极容易被泄露。因此,民营企业要加强对外活动中的商业秘密管理,具体可通过以下几种方式。

1.增强商业秘密的风险防范意识

我国民营企业应不断提高企业经营管理人员、涉密人员的保密意识,通过开会、办培训班等形式对企业经营管理人员、涉密人员进行宣传,并充分发挥内部媒体的作用,将商业秘密的保护宣传活动纳入企业思想教育工作之中,对广大职工进行教育。通过宣传教育使广大职工认识到保护商业秘密的重要性,进而自觉承担保护商业秘密的义务。

2.对外经济活动中商业秘密的管理

(1)对供货商、客户等第三人的管理

供货商、客户以及向企业提供产品或服务的建筑师、承包人等第三人,既是企业生意上的重要合作者,同时也是商业秘密泄露的重要隐患。因此,应与得知商业秘密的第三人签订适当的保密协议。

（2）实施匿名采购

生产制造企业在购买各种原材料、零部件时,不可避免地会与供应商发生业务联系。供货商可能会通过向企业的采购者咨询,了解到各种原料的用途、用量等商业秘密。为了避免商业秘密的泄露,有些企业采用匿名采购的形式,避免外部供应企业借机获取商业秘密。

3. 企业在进行咨询时的商业秘密管理

企业在经营过程中经常会遇到一些自身解决不了的专业问题,就会向专业服务机构或个人进行咨询,其中包括企业的产品设计、生产及经营策略等问题。而这些机构或者个人在提供咨询服务的过程中很可能获知企业的相关商业秘密,并有可能会为企业的竞争对手提供相关的咨询服务,因此,企业在进行咨询时应当注重对自身商业秘密的保护。"虽然国家相关法律法规规定了律师、会计师、审计人员等专业人员的职业操守,但这些规定大多太原则,相关的问责制度尚不完善,所以企业有必要与咨询机构签订专门的保密协议,或者在咨询合同中约定保密条款及违约责任。"[①]需要注意的是,虽然企业与咨询机构在合同中约定了保密条款,但由于这些合同通常由咨询机构事先拟定,企业在签订咨询合同时必须细致阅读格式条款,如果有不利于自身的条款,应及时进行修改。

4. 在接待来访人员时的商业秘密管理

（1）与来访人员签订保密协议

人员来访、考察、实习等能够提升企业的形象和影响力,但同

---

① 朱雪忠:《企业知识产权管理》,北京:知识产权出版社,2008年,第150页。

时也是企业商业秘密泄露的主要管道,因此,企业应做好商业秘密保护。企业在接受来访之前,应明确参观考察及实习人员的真实身份及来访真实目的。在接待外来人员来访时,应避开保密工作区域,使此类人员最小限度地接触商业秘密或商业秘密载体。如果有必要,应与来访、考察、实习等人员签订保密协议。

（2）防止参观者窃取商业秘密

当参观者是技术或经营方面的专家时,严防参观者窃密显得尤为重要,主要可采取以下策略。一是在接待外来人员参观时,企业应事先安排好规定的项目和路线。二是参观者的观摩应限制在与商业秘密无涉的部门或区域。三是在时间、距离等方面加以限制,让考察的专家根本看不出技术方面的细节。

第三节　民营企业的商标管理

一、商标概述

（一）商标的概念

商标,即商品和商业服务的标记,主要是指"商品的生产者、经营者、服务的提供者为了使自己生产、销售的商品或提供的服务与其他商品或服务相区别而使用的一种标记"[①]。商标通常由文字、图形组成,或由文字和图形组合而成,主要用于商品或商品包装上、服务场所或服务说明书上。商标作为产品或服务质量、信誉、知名度的载体,凝聚了企业投入的大量智慧、心血和资金,是一笔价值可观的财产。

---

① 万志前:《智能经营民营企业知识产权管理》,天津:天津大学出版社,2010 年,第 76 页。

（二）商标的特征

商标主要具有以下几个特征。

1.商标是商品和商业服务的标记

商标与商品、商业服务之间有着密切的关联，它是用于商品生产经营和商业服务领域内的特定标记。商标不同于国家、军队、政党等标记，也不同于其他不与商品和商业服务相联系的单纯美术作品。

2.商标是区别不同商品或商业服务的标记

商标起着区别不同商品或商业服务的作用。需要注意的是，使用于商品生产或商业服务领域的标记并不都是商标，如表示商品光洁度、商品毒性等符号，质量认证标记等，只是表示商品某种性质或质量的通用标记，而不具有区别作用，因此不是商标。

3.商标是具有显著特征的标记

商标使用的文字、图形及其组合，应当具有显著特征，方便识别。商品生产者、经营者或商业服务者使用的客观上不能使其商品和服务与其他商品和服务相区别的标记，便不能成为商标。

（三）商标的分类

按照不同的标准，商标有着不同的分类。

（1）按照商标的构成要素划分，商标可分为文字商标、图形商标、组合商标等。

（2）按照商标的使用对象划分，商标可分为商品商标、服务商标等。

（3）按照商标的用途划分，商标可分为联合商标、防御商标、证明商标等。

（4）按商标的形态划分，商标可分为平面商标、立体（三维）商标以及其他形态。

(四)商标设计与选择的原则

商标设计与选择应做到合乎时代潮流,具有强烈的视觉形式感和高度艺术性,便于识别和记忆,符合行业特征,简洁生动形象,并且应遵循合法性和显著性的原则。

1.合法性原则

合法性,是指"商标名称和图形必须符合国家法律规定,主要指商标的构成不得含有商标法所禁止使用的文字和图形,并且不得与他人的在先权相冲突"[①]。在对商标进行设计与选择时,首先应考虑法律上的有效性。

2.显著性原则

显著性,是指商标的独特性或可识别性。一个具有创意的商标既有利于消费者识别、记忆,同时也有利于企业宣传其商品或服务,扩大市场占有率,不断增强企业的竞争力。一些缺乏显著性及独创性特征的商标则很难在市场上占有一席之地。

二、商标的注册管理

我国商标注册采取自愿原则,仅对部分特殊商品实行强制商标注册制度。但《商标法》规定,未经注册的,商标持有人对该商标不享有商标专用权。一旦被他人注册使用,其原使用人则不能再使用该商标。因此,加强企业商标的注册管理非常必要。

(一)商标注册时机的选择

我国《商标法》第29条规定:"两个或者两个以上的商标注册

---

① 万志前:《智能经营民营企业知识产权管理》,天津:天津大学出版社,2010年,第82页。

申请人,在同一种商品或者类似商品上,以相同或者近似的商标申请注册的,初步审定并公告申请在先的商标;同一天申请的,初步审定并公告使用在先的商标,驳回其他人的申请,不予公告。"可以看出,我国对商标注册采取申请在先原则,只有在两个或两个以上的申请人在同一天申请的情况下,才考虑采用先使用原则。因此,企业应把握好申请注册时机,避免自己设计的商标被他人抢先注册。

(二)商标注册前的检索

商标检索是指"商标注册申请人在正式向商标局提出申请之前,自己或者委托商标代理机构到商标注册机关检索有关商标登记情况,了解自己准备注册的商标是否与他人已注册的商标或正在使用的商标相同或者近似的程序"[①]。虽然在商标注册前进行商标检索并不是商标注册申请的必经程序,但仍是十分必要的。目前,商标从申请到核准注册大约需要两年时间。如果商标注册申请被驳回,一方面损失商标注册费,另一方面重新申请注册商标又将花去大约两年时间。因此,申请人在申请注册商标前应进行商标检索,避免商标申请的盲目性。

(三)商标注册的申请程序

1.商标注册申请手续

申请商标注册的单位或个人依法必须履行法定的程序。在我国,申请注册商标依法应履行以下手续。

(1)自己办理的手续

第一,商标注册申请人主体资格证明。商标注册申请人的名称、地址应与所提交的证件相一致。申请人为企业的,应提交企

---

① 万志前:《智能经营民营企业知识产权管理》,天津:天津大学出版社,2010 年,第 91 页。

业法人《营业执照》复印件;个人申请需提交身份证复印件。

第二,按照商品分类表提出商标注册申请。同类的一种商品或数种商品,都可作为一个商标提出申请,填报一份申请书,交纳一份注册费;不属同一类的多种商品,则按类分别申请,并按份交纳申请书和注册费;申请的商品在分类表中没有商品名称的,根据类似商品填写类别;如申请的商品在分类表中没有列举的,可以暂不填写类别,但申请人必须填清商品的主要原料、性质、用途等,以便商标局审定。

第三,按照国家工商行政管理局拟定并经国务院批准的格式填写申请书。须用钢笔或毛笔,使用蓝色或黑色墨水,字体应工整规范。规定的项目必须逐一填全,然后加盖单位或个人印记,由负责人或申请人签字。

第四,在递交商标注册申请书时,应同时报送商标图样5张。商标图样必须清晰、便于粘贴。

第五,提交其他书件。申请药品商标注册的,应当附送卫生部或省、自治区、直辖市卫生厅(局)批准生产药品的证明文档。申请卷烟、雪茄烟商标注册的,应交送批准生产或经销的文档。经有关主管部门检查许可才能生产的商品,如申请注册商标的,必须提交主管部门颁发的生产许可证。

(2)通过代理机构办理的手续

通过代理机构办理的,还需要履行下列手续:签订代理协议;在代理机构提供的相关材料上签字或盖章;公司申请需提供企业营业执照复印件(个人申请需提交身份证复印件);提供商标图样或者字样。

2.缴纳费用

按照国家工商行政管理局的规定,交纳申请费、注册费。上述提及的各种书件和费用,应当在申请时一次备齐,否则不进行受理。申请手续不完备的,予以退回,由申请人补充修改,并且不保留申请日期。

3.商标注册申请时间

(1)发布商标受理通知书

商标申请后的 2～3 个月内,国家商标局会发正式的受理通知书。

(2)发布初审公告

商标申请后,大约 1 年的时间发布初审公告,如果通过审查,在《商标公告》中予以公告。初步审定的商标自刊登初步审定公告之日起 3 个月无人提出异议的,该商标予以注册,同时刊登注册公告。

(3)颁发商标注册证书

如果从商标初审公告之日起 3 个月内无人提出异议,则颁发商标注册证书并授权公告。

(4)申请注册商标成功总体时间

申请商标注册过程如果比较顺利,通常需要 15～18 个月,如果申请该商标过程中有人提出异议或复审的,则需要 2～3 年甚至更长时间。

三、商标的运营管理

(一)商标许可使用

1.商标许可使用的类型

根据我国相关法律的规定,商标许可使用主要包括以下三种类型。

(1)独占许可使用

独占许可使用,是指商标注册人在约定的时间、地域,以约定的方式,只允许一个被许可人使用已注册商标。在独占许可中,商标注册人自己也不能使用注册商标,更不能再许可他人使用。

（2）排他许可使用

排他许可使用，是指"商标注册人在约定的期间、地域，以约定的方式，将该注册商标仅许可一个被许可人使用，商标注册人依约定可以使用该注册商标但不得另行许可他人使用该注册商标"①。在排他许可使用中，商标注册人自己可以在合同约定的期间、地域以相同的方式使用注册商标。

（3）普通许可使用

普通许可使用，是指"商标注册人在约定的期间、地域，以约定的方式，许可他人使用其注册商标，并可自行使用该注册商标和许可他人使用其注册商标"②。普通许可使用，仅仅给予被许可人依合同约定使用注册商标的权利，不包括禁止他人使用的权利。

2.商标许可使用费

商标使用许可费通常由企业和被许可人协商确定。常见的计算方法有：根据产品售价的百分比（1%～5%）计算；按照产品的利润率计算等。

在确定商标许可使用费时，企业还应考虑商标的知名度；商标的许可使用方式；商标许可的时间、地域、商品范围等多种因素。

3.对被许可人商品质量进行监督

《商标法》第40条规定，商标注册人可以通过签订商标使用许可合同，许可他人使用其注册商标。许可人可对被许可人使用其注册商标的商品质量进行监督。如果被许可人生产的商品质量不合格，无法达到授权企业的产品质量标准，或欺骗消费者的，就会影响到被许可商标的品牌形象。因此，授权企业应当对被许

---

① 　万志前：《智能经营民营企业知识产权管理》，天津：天津大学出版社，2010年，第100页。

② 　同上。

可企业的商品质量进行严格监督,维护消费者的利益以及企业商标的品牌形象。

(二)商标权转让

1.注册商标转让的意义

注册商标转让,是指商标注册人依据法律规定的程序,将其所有的商标专用权转移给他人所有。这是商标注册人对其商标权最重要的一种处理方式。注册商标是一种资源,如果闲置不用,就会造成资源浪费。而通过转让注册商标,可对商标所有人"闲置"的商标进行充分利用,使商标这一无形资产转化为有形的货币。

2.注册商标转让风险的防范

(1)熟悉相关法律规定

《商标法》第39条规定:转让注册商标的,转让人和受让人应当签订转让协议,并共同向商标局提出申请。受让人应当保证使用该注册商标的商品质量。转让注册商标经核准后,予以公告。受让人自公告之日起享有商标专用权。《商标法实施条例》第26条规定:注册商标专用权因转让以外的其他事由发生移转的,接受该注册商标专用权移转的当事人,应当凭有关证明文件或者法律文书到商标局办理注册商标专用权移转手续。

(2)对注册商标转让人的主体资格进行审查

审查注册商标转让人的主体资格,一方面,要核对商标注册人名称和地址是否与营业执照上的名称和地址一致,如果不符,商标局将驳回转让申请。另一方面,要防止转让人重复转让注册商标。受让人必须调查转让人是否为商标注册人,转让人名称与商标局档案记录的申请人名称是否相符。

(3)了解商标转让申请办理的一般程序

商标转让申请办理的一般程序如下。

首先,商标转让申请需准备以下文件:双方的主体资格证明,营业执照副本或身份证件、转让协议、公章。一般情况下，需要核对原件和签字。如果是注册商标转让的，应对商标注册证原件进行核对；如果是申请商标转让的，应对商标局的商标受理通知书原件进行核对，填写《商标转让申请书》，双方盖章签字。

其次，商标转让申请书符合要求，上报商标局后，预计在3至6个月出具受理书。办理商标转让申请的整个周期为6至12个月，也可能更长。

最后，除了执行法院判决、遗嘱等特殊情形的商标转让外，绝大部分的商标转让需要签署协议。这类协议在法律上受到《合同法》《商标法》的制约。在协议或合同中约定双方权利义务时，需要考虑权利不确定期间风险的规避或责任承担等各种因素。

四、商标权的保护

（一）商标侵权的防止

1.积极行使商标异议权

商标异议制度是指"自然人、法人或者其他组织在法定期限内对经商标局初步审定并公告的商标提出反对意见，要求商标局对该商标不予核准注册的法律制度"[1]。尽管异议程序并不是每一件商标注册申请的必经程序，但任何一件商标注册申请要在初步审定公告后经过3个月的异议期，才能获准注册。其主要是为了将商标注册过程置于社会监督之下，发现问题，及时纠正，减少审查工作的失误，强化商标意识，防止权利冲突的发生，提高商标审查质量。商标异议期限为3个月，超过异议期的，商标局不予受理。

---

[1]　金多才：《试论我国商标异议制度的完善》，中州学刊，2007年第2期。

2.积极行使商标撤销权

根据《商标法》相关规定,符合以下情形的可以请求撤销注册商标。一是已注册的商标违反《商标法》的相关规定。二是已注册的商标是以欺骗手段取得的。三是已注册的商标是以其他不正当的手段取得的。

3.积极行使商标诉讼权

我国《商标法》规定,侵犯注册商标专用权行为,引起纠纷的,由当事人协商解决,不愿协商或协商不成的,商标注册人或者利害关系人可以向人民法院起诉,也可请求工商行政管理部门处理。积极行使商标诉讼权,有利于维护企业的商标权益,解决企业商标管理过程中的矛盾,进而避免为企业带来巨大的经济损失。

(二)建立自我防护体系

1.利用防伪技术进行积极防护

企业应利用各种防伪技术,对商标权进行保护。例如,在防伪技术的选择上,应尽量采用高、新技术,既要在短期内有效防止产品被仿冒,又要实现防伪技术的及时更新。

2.争取消费者参与打假

随着信息高速发展,企业管理者应充分认识到新闻媒体的优势,通过新闻媒体宣传,积极开展商标保护工作,宣传和普及真假商品识别方法,唤起广大消费者的防假意识,提高其辨别真假的能力,使其充分认识到假货的危害。另外,企业管理者应高度重视打假、防假战略的作用,充分发挥消费者的力量,联合起来共同打假。

3.积极表达正当利益诉求

企业应积极参与行业活动,通过各种正当管道表达自身的利益诉求,加强与商标管理行政机关的合作,推动国家商标保护立法的完善。商标保护是一项长期的工作,企业要本着对自身及对消费者负责的态度,积极与行政执法部门相配合,又要与相关市场主体密切合作,及时通报信息。

第四节　民营企业知识产权纠纷的处理

一、侵犯知识产权的行为

只有对侵犯知识产权的行为有充分的认识和了解,才能更好地处理民营企业中的知识产权纠纷,保护相应的权益。因此,这里我们对侵犯知识产权的行为进行一定的认知。

侵犯知识产权的行为就是指违反法律规定而损害知识产权专利人的专有权利的行为。侵犯知识产权行为与一般侵权行为既有相似性,也有不同之处。相似的地方是它们的法律性质和法律后果相同。不同的是,它们的侵害对象不同,而且侵犯知识产权行为还具有一些独有的特征,如侵害行为的高度技术性、侵害形式的特殊性、侵害类型的多样性等。就侵犯知识产权行为的类型而言,主要有以下几类。

(一)侵犯专利权的行为

侵犯专利权的行为,是指在专利权的有效期限之内,在没有经过专利权人同意,也没有其他法定事由的情况下,以生产经营为目的实施专利权人的专利的行为。一般来说,达到以下几个要件,就会构成侵犯专利权的行为。

第一，以生产经营为目的对有效专利实施行为。以生产经营为目的，即为工农业生产或者为商业经营的目的。

第二，未经专利权人许可的实施行为。也就是说，如果获得专利权人的同意而实施的行为，不构成侵权。

第三，违反法律规定的实施行为。注意一些实施专利的行为虽没有得到专利权人的许可，但有法律依据，也不属于违法的实施行为，不构成侵权。

第四，已经造成了实际损害或有损害的可能性。

侵犯专利权的行为又可以分为以下几类。

（1）未经专利权人许可，制造专利产品的行为。

（2）销售未经专利权人许可而制造的专利产品的行为。

（3）使用、许诺销售未经专利权人许可而制造的专利产品的行为。

（4）未经专利权人许可，进口专利产品的行为。

（5）未经专利权人许可，使用专利方法的行为。

（6）使用、销售、许诺销售、进口根据专利方法直接获得的产品的行为。

（7）间接专利侵权行为。这主要是指行为人故意诱导、怂恿、教唆别人侵犯他人专利权。

（二）侵犯商标权的行为

侵犯商标权的行为，即对商标权人合法权益进行侵犯的行为。一般来说，只要具备以下三个要件就构成了侵犯商标权的行为。

第一，有侵犯商标权行为。

第二，有损害结果。

第三，损害结果与侵权行为之间有因果关系。

根据我国《商标法》第 52 条规定，侵犯商标权的行为有以下几种。

（1）没有经过商标权人同意，在相同或者类似的商品（服务）

上使用(将商标用于商品、商品包装、容器等上或各种商业活动中)与注册商标相同或近似的商标的行为。

(2)没有经过商标权人同意,更换商标权人的注册商标并将该更换商标的商品又投入市场进行营利的行为。

(3)对他人注册商标标识进行伪造、擅自制造的行为或者销售伪造、擅自制造的注册商标标识的行为。

(4)对侵犯他人注册商标专用权的商品进行销售的行为。

(5)对他人注册商标专用权造成其他损害的行为。例如,故意给他人提供便利条件(如储存、运输、邮寄、隐匿等),让他人侵犯注册商标专用权的行为。

侵犯商标权的行为还有一般和特殊之分。特殊的侵犯商标权的行为主要是指侵犯驰名商标商标权的行为。就目前来看,较为突出的侵犯驰名商标的行为有以下一些。

(1)在相同的商品上使用与他人驰名商标相同的商标的行为。例如,一个不知名的企业在自己生产的可乐饮料上使用"可口可乐"商标。

(2)在同一商品上使用与他人驰名商标近似的商标的行为。

(3)在类似商品上使用与他人驰名商标相同的商标的行为。

(4)在类似商品上使用与他人驰名商标相近似的商标的行为。

(5)将他人注册的驰名商标用在不同类型的商品上的行为。

(6)为使公众对商标注册人与企业名称所有人产生混淆,将他人驰名商标相同的文字登记为自己企业名称中的字号的行为。

(三)侵犯商业秘密的行为

侵犯商业秘密的行为,是指行为人没有经过商业秘密的所有权人的同意,用不合法的手段获取商业秘密并进行公开或使用的行为。满足以下三个要件,将构成商业秘密的侵权行为。

第一,原告的商业秘密存在。

第二,被告实施了侵权行为。

第三，被告对有关信息无合法的使用权。

根据《中华人民共和国反不正当竞争法》第 10 条第 1 款和第 2 款的规定，侵犯商业秘密的行为主要有以下四种。

(1)用非法手段(盗窃、胁迫、利诱等)对商业秘密进行获取的行为。

(2)使用、披露或允许他人使用以不正当手段获取的商业秘密的行为。

(3)以不合法的方式披露、使用或允许他人使用所掌握的商业秘密的行为。

(4)明知或应知上述违法行为的第三人，依旧获取、披露、使用他人商业秘密的行为。

二、民营企业知识产权纠纷的处理途径

(一)民营企业知识产权的行政保护

知识产权的行政保护，是指国家行政管理机关依据法定程序和运用法定行政手段，处理各种知识产权纠纷，维护知识产权权利人的权益。这是知识产权保护的重要途径之一。

1.知识产权行政保护概述

(1)知识产权行政保护机构

我国根据实际国情和经济发展状况，先后设立了一些行政管理和保护知识产权的机构。知识产权行政保护机构有专利行政保护机构，也有商标行政保护机构(国家工商总局和地方工商局)。此外，海关、公安、新闻出版、文化市场管理等部门根据法律的相关规定，也各自拥有一定的知识产权行政执法职能，分别在本部门所属行业内，依法对有关的知识产权进行相应的行政保护。

(2)知识产权行政保护机构的权力

知识产权行政保护机构通常具有以下四项权力：第一，确认

知识产权权利的权力;第二,裁决知识产权纠纷的权力;第三,处理知识产权侵权的权力;第四,行政执法权力。

2.侵犯知识产权的行政责任

所谓侵犯知识产权的行政责任,就是指对于较为严重的知识产权侵权行为,知识产权行政管理部门要依照法律规定给予侵权行为人一定的行政处罚。

侵犯知识产权的行政责任主要包括以下几个方面的形式:第一,责令停止侵权行为人的侵权行为;第二,没收侵权行为人违法所得的利益;第三,没收侵权行为人的侵权复制品;第四,对侵权行为人处以罚款;第五,没收侵权行为人主要用于制作侵权复制品的设备、工具、材料等;第六,法律、法规、规章规定的其他行政处罚。面对不同的知识产权侵犯行为,往往有不同的行政责任。

(1)侵犯专利权的行政责任。根据我国《专利法》第 60 条和《专利法实施细则》第 58 条的规定,我国专利管理机关可以采取的执法措施有责令侵犯专利权的行为人停止侵权行为;赔偿专利权人一定的损失;没收侵权行为人的违法所得;对侵权行为人处以罚款等。

(2)侵犯商标权的行政责任。根据我国《商标法》第 53 条的规定,因侵犯商标专用权而引起纠纷的,商标注册人或利害关系人可在侵权人所在地或侵权行为地县级以上工商机关对侵权人进行控告或检举。工商行政管理机关则严格依照《商标法》及其他相关规定查处侵犯商标专用权的行为。具体采取的执法措施有责令侵权人停止侵权行为;没收、销毁侵权人因侵权而获得的商品和相应的工具、材料等;予以罚款。

(3)侵犯商业秘密的行政责任。很多侵犯商业秘密的行为都是不正当竞争行为。根据我国《反不正当竞争法》第 25 条规定,"侵犯商业秘密的,监督检查部门应当责令停止违法行为,可以根据情节处以 1 万元以上 20 万元以下的罚款"。此外,县级以上人民政府工商行政管理部门也可以作为监督检查部门,依法处罚侵犯商业秘密的行为主体,并负责收缴、销毁、清除涉及商业秘密的侵权物品。

3.知识产权行政保护的优势与弊端

就知识产权行政保护的优势而言,主要有以下几个方面。

第一,行政保护具有主动性。知识产权行政管理机关可以按照自身职权主动采取行政执法措施,对侵犯知识产权的违法行为进行调查、处理。所以,与司法保护相比,行政保护更充分、及时和有效。

第二,行政保护的程序相对简单。一般来说,只要知识产权权利人发现他人侵权并提供相应的证据,然后向知识产权行政管理机关提出申请,就可快速制止侵权行为。可见,采用行政保护途径,知识产权权利人能够以较小的成本获得有效、及时的保护。

第三,行政保护能充分发挥知识产权行政管理部门的专业优势。

就知识产权行政保护的弊端而言,主要有以下几个方面。

第一,行政执法程序不健全。在知识产权的行政执法中,由于不注重程序,因而经常出现行政专断、效率低下等问题。

第二,行政执法力度不够。知识产权的行政执法手段往往比较有限,很多时候处罚太轻,难以起到打击和威慑违法犯罪分子的作用。

第三,执法能力不强。在知识产权的行政执法中,执法主体往往是公安、专利、工商、海关等部门,而这些部门对执法依据、执法主体等法律规定掌握得不够充分,因而容易出现各行政机关之间相互推诿、扯皮等问题。

第四,容易受到地方保护主义的干扰。在知识产权行政执法中,一些地方政府的管理部门受利益驱动,不仅不能严格履行其保护知识产权的职能,还纵容侵犯知识产权的行为、偏袒本地本部门、干预执法、不支持和配合外地机关来本地办案。

（二）民营企业知识产权的司法保护

知识产权的司法保护，即国家司法机关及其司法人员根据法定职权和法定程序对知识产权进行保护。它是知识产权法制中最为关键的环节。加强知识产权的司法保护不但是"TRIPS"协议等国际条约和国内法律法规的要求，同时也是我国知识产权保护的迫切需要。此外，加强知识产权的司法保护，不仅能够激发全社会的创造活力，保障国家创新体系建设，还能够树立我国良好国际形象，促进社会和谐。

1. 侵犯知识产权的民事责任

所谓侵犯知识产权的民事责任，就是指民事主体实施了相关知识产权法律规定的侵权行为后应承担相应的民事法律后果。根据我国相关的法律法规规定，我国知识产权侵权民事责任主要有以下几种形式。

（1）停止侵害。对于侵权人已经出现的正在实施的侵权行为，包括尚未发生但可能发生的侵权行为，权利人有权要求停止或进行预防。这其实是为了防止损害的继续发生和扩大。面对专利侵权行为时，为了有效阻止这种行为的继续，人民法院可根据专利权人的请求，没收、销毁侵权产品或者责令侵权行为人将侵权物品交由专利权人或者利害关系人处理。想要有效阻止商标侵权行为的继续，工商行政管理部门可以根据情况，没收、销毁侵权行为人的侵权商品和相应的工具、材料等，并可处以一定的罚款。

（2）消除影响以及赔礼道歉。权利人有权要求侵权人，或者诉请人民法院责令侵权人在一定范围内澄清事实，以消除人们对权利人的不良印象，这就是消除影响。这里的范围通常根据侵权行为造成影响的范围有多大来确定。在知识产权的侵权责任上，出现侵害知识产权精神权利和知识产权经济权利且已经造成不良影响的情形时，适合使用消除影响。侵权行为给权利人造成不良影响的,侵权人应向权利人承认错误,请求谅解,这就是赔礼道歉。赔礼道歉一定要公开,形式既可以是书面的,也可以是口头的。

(3)赔偿损失。侵权人因侵犯知识产权权利人的知识产权而给其造成损害,应当赔偿知识产权权利人由侵权行为导致的经济损失。在我国,侵犯专利权的法定赔偿最高额为 100 万元人民币;侵犯商标权的法定赔偿最高额为 50 万元人民币。关于商业秘密权利人应得赔偿一般包括两部分:自己的损失和为调查该侵害行为所支付的费用。

2.侵犯知识产权的刑事责任

侵犯知识产权的刑事责任,就是指刑事主体实施了相关知识产权法律规定的侵权行为后应承担相应的刑事法律后果。刑事责任的实现主要根据我国《刑法》进行。

(1)侵犯专利权的刑事责任。面对侵犯专利权的行为,可按照《刑法》第 216 条的规定进行相应的处理:假冒他人专利,情节严重的,处 3 年以下有期徒刑或者拘役,并处以一定的罚金,当然也可以单处较多的罚金。"假冒他人专利"的行为也有具体的规定,这里不再详细说明。

(2)侵犯商标专用权的刑事责任。面对侵犯商标专用权的行为,可按照《刑法》第 213 条、第 214 条和第 215 条的规定予以相应的处理。

(3)侵犯商业秘密的刑事责任。面对侵犯商业秘密的行为,可按照《刑法》第 219 条的规定予以相应的处理。

3.知识产权司法保护的优势与弊端

就我国知识产权司法保护的优势而言,主要表现在以下几个方面。

第一,立法相对比较全面,实施效果也较为显著。面对知识产权侵权行为,我国除了规定民事救济程序外,还规定了刑事制裁程序。

第二,机构设置有保障,审判专业化。为了有效执行知识产权法律,我国各级人民法院一直在不断地努力,还专门在很多城市的人民法院成立了知识产权审判庭,以促使我国知识产权审判工作走上专业化道路。

第三,知识产权司法保护具有稳定性、规范性、公平性和效力的终极性以及注重赔偿等优点。

就我国知识产权司法保护的弊端而言,主要表现为以下几个方面。

第一,诉讼程序复杂,时间长,知识产权权利人的维权成本高、风险大。

第二,知识产权司法保护中存在执行难的情况,有时不能充分有效地保护权利人利益。

第三,知识产权司法保护具有被动性。

根据实践证明,我国知识产权的行政保护与司法保护各有利弊,知识产权受到侵害时,是选择行政保护还是司法保护,应当先明确两者的利弊,再进行选择。当然,为了多渠道地加强对权利人利益的保护,切实维护知识产权权利人的合法权益,抑制和打击知识产权侵权行为,一般会采取行政保护与司法保护"两条途径、协调运作"的保护模式。

(三)民营企业知识产权纠纷处理的其他途径

1. 仲裁

所谓仲裁,就是指有争议的双方当事人在争议发生之前或是之后达成一定的协议,自愿将争议交给第三方作出合理的裁决,并执行第三方作出的裁决,从而解决争议的一种法律制度。这种法律制度与诉讼相比,具有一裁终局、快捷便利、无地域性和管辖权限制等优势,能够在很大程度上提高纠纷解决的效率,打破地方保护主义。当然,当事人选择了仲裁,就不能再选择诉讼。如果出现一方当事人不履行仲裁裁决的情况,另一方当事人可以请求法院强制执行。

仲裁的程序一般包括以下几个步骤。

第一，申请人提出仲裁申请，被申请人在规定的时间内提交答辩书。

第二，组建有 3 名仲裁员的仲裁庭或有 1 名仲裁员的仲裁庭。具体选择哪种，以双方约定为准。

第三，审理与裁决。仲裁采取开庭审理的方式。审理一般不公开，双方当事人要求时，由仲裁庭决定是否公开。在最终的裁决之前，应先行调解，根据调解达成的协议制作裁决书。

第四，执行裁决。双方当事人都应履行。

2. 调解

所谓调解，就是指由有争议的双方请求中立的第三方为双方解决争议。这种途径主要适用于那些当事方看重双方之间的关系，想自己把握争议解决的过程，对保密性的要求较高或希望以最快的速度解决争议而不损害自己声誉的情况。调解的地点一般不受地域管辖的约束，双方当事人愿意即可，调解人可以是双方认可的任何中立的机构，也可以是双方认可的行业协会，甚至是双方认可的个人。

当前阶段下，我国知识产权纠纷的调解主要有法院附设调解、行政调解和民间调解。这里主要说的是民间调解。为了有效执行民间调解，应积极发挥中介机构（行业协会、商会等）的协调自律作用；借鉴 WIPO 知识产权仲裁与调解中心的有益经验，进一步完善各种调解规则；让当事人知晓选择调解解决纠纷失败后，还享有对诉讼或仲裁的二次选择权。[①]

3. 和解

所谓和解，就是指在不存在第三方主持的情况下，知识产

---

① 樊培栋：《论 ADR 在知识产权纠纷解决中的应用》，科学之友，2007 年第 11 期。

纠纷的双方当事人就争议问题进行协商并达成协议的纠纷处理方式。这种方式便捷、经济，与其他各种纠纷处理方式相比，成本最低。从某种意义上而言，和解是一种双赢的选择，值得鼓励和提倡。不过，由于这种纠纷处理方式的效力比较弱，因而使用这种处理方式时，不仅要通过一定的方式（如公正、担保等）加强和解协议的法律约束力，而且还要做好与其他纠纷处理方式的衔接工作，以便在和解未能成功时，及时通过其他方式处理知识产权纠纷。

司法外和解的一般程序通常包括以下四步。

第一，通过一定的时间来全面了解和分析事实。

第二，交换信息。当事人相互陈述理由、事实和交换证据，进行辩论，从而让信息达到对称状态，帮助司法外和解主体明确自己的机会和事实的是非曲直，保护自己的权益。

第三，交涉让步。这一步骤并非必经步骤。如果当事人在交换信息过程中就达成协议，则不用交涉让步。但是如果当事人一方放弃司法外和解，就必须进行交涉让步这一环节。

第四，承诺或达成协议。有一方当事人对对方要约表示接受，则意味着司法外和解的结束。与此同时，还应当具有符合一定形式的协议要件，以便增强法律约束力。

事实上，在民营企业的知识产权纠纷中，还包括涉外知识产权纠纷。随着全球化进程的加快，涉外知识产权的案件越来越多。为了维护自己的权益，民营企业也应当以积极的态度来应对涉外知识产权侵权纠纷，转变长期的被动、逃避态度。简要来说，遇到涉外知识产权纠纷时，民营企业应当注意做到以下几个方面：一是充分掌握侵权行为地国家的法律法规，善于运用国际规则；二是依法提出抗辩；三是发挥政府和行业协会的作用；四是联合出击和应诉。当然，能够运用和解策略处理的，民营企业也要学会运用自身的优势和资源开辟一定的和解空间，保全自己的权益。

第五章 民营企业人力资源管理研究

新中国成立尤其是改革开放 30 多年以来,中国经济社会的发展成就和发展速度震惊了世界,中国综合国力的跃升也震惊了世界。中国经济发展速度之所以如此之快,其中民营企业的发展功不可没。而民营企业的发展与人力资源密切相关,因此,要想进一步促进民营企业的发展,就必须对民营企业中的人力资源管理进行研究与分析。

第一节 民营企业的领导科学与艺术

民营企业,特别是大中型民营企业是一个复杂的社会系统,有许多人共同进行各种各样的社会活动。这些社会活动是各种环节环环相扣而连接起来的链条,其过程实质上就是一个决策—执行—再决策—再执行的循环往复的过程。在这个过程中,领导起着统领与引导整个过程的作用,领导活动是否科学将在很大程度上决定民营企业的发展成效。所以,要想进一步促进民营企业的科学管理,民营企业的领导活动必须科学。与此同时,领导活动的艺术与否也会在一定程度上影响领导效果,因此,需要予以关注。

一、民营企业的领导科学

领导科学是科学的分支之一,是对领导经验的概括与总结,是一门研究领导者、领导体制、领导决策、领导用人、领导方法、领导艺术、领导效绩考评等有关领导工作规律及其方法的新兴学科。对于民营企业领导科学而言，它的任务总体来说就是揭示民营企业领导活动的规律，指导民营企业领导工作实践，具体来说包括提高领导工作的质量和效率，促进领导工作的科学化；培养和造就领导人才，提高民营企业领导队伍的质量；总结中外民营企业领导工作的经验教训，进一步探索现实的民营企业领导规律，创立具有中国特色的民营企业现代领导学。若将民营企业的领导科学运用于民营企业人力资源管理实践中，则主要表现在以下几方面。

（一）民营企业的领导心理科学

一般认为，心理是人们对客观事物的反映，是生物进化到高级阶段后大脑的特殊功能。对于民营企业领导而言，会对其领导活动产生影响的心理因素主要包括领导者的个性心理、决策心理、用人心理。

1. 领导者的个性心理

心理学观点认为，个性是指一个人总体的心理面貌，其包括个体的气质、性格、能力与意志这几个方面。人的个性不是天生的，当个体的心理发展到一定水平，成熟到一定阶段，再在这个基础上形成一种整体的、稳定的、独特的精神面貌时，个性就形成了。而对于领导者而言，其个性心理的特征会对其领导工作产生重要影响。

领导者的气质就是指领导者在心理活动动力方面表现出来的稳定的特点，主要表现在心理活动的强度（反应的大小）、速度（反应的快慢）、稳定性（维持时间的长短）和指向性（倾注外部世界还是内部世界）等方面。目前人们对领导者气质的划分依然沿用了古希腊医生希波克拉特的四分法，即将领导者的气质分为胆汁质、多血质、黏液质、抑郁质[①]。四种不同的气质类型对领导者而言,都各有其有利的一面和不利的一面。例如,胆汁质的人既可以成为热情、主动、积极向上的领导者,也可能成为急躁、冲动、感情用事的领导者。因此,一个民营企业领导者要想让自己的气质对领导活动产生正向的影响,最关键的是要知道自己属于哪种气质类型,以便能充分发挥该气质的长处,避免该气质的短处。

领导者的性格就是领导者对待客观事物的态度和行为方式的稳定态度。性格的形成受环境、文化、意识、宗教和信仰等多种因素的影响和制约,因此每个人由于社会经历与生活方式的不同,彼此在性格特征上就会产生一定的差异。对于民营企业领导者而言,要想使自己的性格对自己的领导活动产生正向推动作用,就应努力培养自己宽容大度、谦虚谨慎、诚实正直、自信的性格特征。

领导者的能力就是指其顺利完成领导活动必须具备的心理特征。例如,要组织绘画展览,就必须具备组织能力、绘画专业能力等。如果不具备这些能力,绘画展览活动就无法顺利进行。对于民营企业领导者而言,需要具备的能力主要包括专业能力与创新能力。而要培养这些能力,首先必须注重自我开发,不断挖掘自己的潜在能力;其次必须能放开手脚,大胆尝试解决和处理各种新的疑难问题。

2.领导者的决策心理

领导者的决策心理就是"领导在决策中的心理现象、个性心理特征及其心理活动的过程"[②]。根据对当前民营企业领导者决

---

① 胆汁质气质的人通常热情大胆,冲动直率,性情急躁,反应迅速,但准确性差。多血质气质的人通常活泼热情,灵活机智,行动敏捷,交际能力强,适应能力强。黏液质气质的人通常稳重冷淡,沉静缓慢,情绪内向,善于自制,注意稳定难转移。抑郁质气质的人通常性情孤僻,优柔寡断,行动迟缓,注重细节。

② 张茂林等:《战略决策:民营企业领导科学与艺术》,天津:天津大学出版社,2012年,第65页。

策心理的分析发现，一般情况下领导者的决策心理主要有果断型、顽强型、稳健型三种。其中，具有果断型决策心理的领导者在做决策时常常当机立断、毫不犹豫；具有顽强型决策心理的领导者在做决策时能坚持不懈，勇往直前，并且始终保持韧性；具有稳健型决策心理的领导者在做决策时常常深思熟虑，表现出深谋远虑的特点和沉着稳定的风格。

3.领导者的用人心理

领导者的用人心理是指"领导者对其下属赋予一定的职责和任务时的各种心理活动现象的总和"[①]。在领导活动的开展中，领导者的用人心理主要体现在知人、任用和培训这三个环节中，即在知人中任用，在任用中培训，在培训中进一步知人，这一循环过程开展得越多，领导者的用人心理就越完善，对下属的任用就越合理。

(二)民营企业的领导群体素质科学

一般情况下，领导者对被领导者实施领导，大多不是以"个体"的价值输出方式来实施，而是以"群体"的价值输出方式来实现。因此，我们在注重领导者的个体素质的同时，还要注意其群体素质，也就是要注意观察领导者是否具有使人才根据其内在因素，按照一定的比例、层次和序列，科学合理地组成一个有机整体，并不断优化这个集体，形成 $1+1>2$ 的领导群体的素质。

领导者的群体素质是由多个因素构成的，这些因素包括优良的品德结构、互补的知识结构、优化的智能结构、配套的专业结构、梯形的年龄结构和协调的气质结构。

1.优良的品德结构

这里的品德结构主要指的是构成领导群体成员的不同思想

---

① 屠春友：《现代领导心理学》，北京：中共中央党校出版社，2001 年，第 183 页。

品德倾向的排列组合。若这个组合非常科学合理,那么就会产生良好的领导效果,反之则不然。一般情况下,领导人才的品德结构一般可划为四个层次,即政治品德、思想品德、工作态度和心理品质。其中,政治品德是能自觉与党保持一致,并能认真贯彻党的各种方针、路线、政策。思想品德是能以高尚的情操处理各种人际关系和公司关系。工作态度是对自己的工作有强烈的事业心和高度的责任感。心理品质是指心理健康、情绪饱满、意志坚强等。

2. 互补的知识结构

这里的知识结构就是指领导群体成员之间应具有不同的知识,以便形成一个科学的知识人才排列组合。而要做到这一点,首先,领导群体的每一个成员都应掌握马克思主义的基本原理和一定的科学文化知识,并会用这些知识解决现实中的问题;其次,领导群体的组成人员应具有比下属更高的知识素质;再次,领导群体的组成人员既应具有相应的文化知识水平,也应具有真才实学和实际能力;最后,领导群体的组成人员要体现出通才与专才的搭配,并且这个搭配比例应合理。

3. 优化的智能结构

智能结构实际上就是领导群体内部成员在智能类型上的配比与组合。大多数情况下,民营企业领导者的智能都能通过一些形式展现出来,这包括思维能力、组织能力、观察能力、操作能力和创造能力等。具体到某一位领导者身上,常常是其中的一项或者两三项能力比较突出,因而也就形成了具有不同智能特点的领导者。而一个领导群体要想让成员彼此间形成优化的智能结构,就必须先辨别出成员的智能类型,并按照工作的实际需要将具有不同职能类型的领导者科学、合理地组配起来领导群体的智能结构,才能形成领导群体的最佳群体结构,发挥最佳的整体效能。

4.配套的专业结构

专业结构是指在领导群体中,按其专业与职能的不同,形成一个比例构成。换句话说,就是一个领导群体中,成员必须具有各种专业的知识,这样才能通过精细的分工与高度的综合完成相互搭配与合作,也才能实现领导群体的最优化。对于民营企业而言,其领导群体的成员在专业结构的构建上应根据企业类型和各个成员的分工来建构合理的专业结构。例如,业务型企业的领导群体必须熟悉业务,要懂行;而管理型企业的领导群体必须懂管理,并且具备高超的领导科学艺术。

5.梯形的年龄结构

年龄结构指的是领导群体中不同年龄层次成员的配比组合。不同年龄层次的领导者在领导工作中具有不同的优势和劣势,如青年领导者的创新性强,但操作性弱;中老年领导者经验性强,但创新性弱。因此,民营企业要切实发挥领导群体的作用,就需要形成梯形的年龄结构,也就是要充分发挥各年龄区段领导者的最佳智力效能,使其互补互促,同时保持新老干部的自然接交。

6.协调的气质结构

气质结构是领导群体内成员在气质类型上的组合与配比。在市场经济条件下,民营企业领导层需要解决的问题十分繁杂,这些工作若交给单一型气质类型的领导群体,可能无法合理解决,因此就需要领导群体内的成员在气质上各有特点,形成科学合理的组合与互补。这样做能让领导者彼此之间协调组合,互补搭配,发挥各种气质的积极因素,弥补其中的消极成分。但需要注意的是,领导群体气质结构的协调效应,应以"个体气质"上存在的差异性为基础。但这种差异不能过度,否则会致内耗丛生,失去气质协调的基础和条件。

（三）民营企业的领导决策科学

领导决策是领导者的基本职能与首要任务，领导决策正确与否，直接影响着领导工作的成败。因此，领导决策在整个领导过程中占据着十分重要的地位，是其他一切领导活动的出发点与归宿。

领导者要做出正确决策，不仅需要在做决策的过程中遵循信息准确、系统分析、科学可行、民主参与、对比优选、集体决策、实事求是、分层决策的原则，还必须按照"发现问题，确定目标→拟定方案，评估优选→组织实施，追踪反馈"的步骤进行决策。

此外，现代社会的迅速发展，要求民营企业的领导决策应能跟得上时代，这就要求民营企业必须建立现代领导决策体制。所谓的现代领导决策体制，"是承担现代领导决策的结构和人员所形成的组织体系，包括承担决策工作的机构和人员各自承担的任务、配备的技术装备以及它们之间的相互关系等"[①]。一般情况下，现代领导决策体制由信息系统、咨询系统、中枢系统和反馈系统构成。其中信息系统的主要职责是为决策中枢系统搜集、加工、整理并提供全面、及时、准确和适用的信息资料；咨询系统的主要职责是帮助领导者进行决策，即在调研的基础上，或向领导者提出战略性建议，或应领导者的要求提供如何决策的意见，或在领导决策之后根据需要提供可供选择的具体实施方案；中枢系统的主要职责是根据信息系统提供的有关信息，对咨询系统提交的各种方案进行分析与比较，拍案决断，并责令下级部门执行方案；反馈系统的主要职责是将决策实施的情况和其中存在的问题及时反馈到决策的中枢系统，以便中枢系统根据具体情况对决策进行变动或调整。

[①] 张茂林等：《战略决策：民营企业领导科学与艺术》，天津：天津大学出版社，2012年，第99页。

（四）民营企业的领导方法科学

领导者的工作，不管是科学决策，还是正确用人，都离不开得当的领导方法。若领导者的领导方法得当，就能事半功倍，顺利达成目标；方法不当，就会事倍功半，难以达成目标。因此在领导实践中，领导者必须要掌握科学的领导方法，而要掌握科学的领导方法，首先就必须能了解、认识、把握、运用领导方法自身的规律，而这就是领导方法科学。在民营企业中，领导者的领导方法主要体现在领导思维方法与领导工作方法两方面上。

1. 领导者的领导思维方法

作为人们通过思维活动实现特定思维目的所凭借的途径、手段或办法，领导者的思维方法不仅是其思维方式具体而集中的体现，而且也是领导者在思维过程中所运用的工具和手段。对于民营企业领导者而言，常见的思维方法主要有辩证逻辑性思维和创造性思维方法两种。

辩证逻辑性思维方法就是领导者在进行领导活动时，在两个相互对立的实务之间，通过深刻认识它们之间的关系，寻找到解决问题的方法。这种思维方法的关键在于把握对立双方的转化规律，并及时抓住它们的转化时机，积极创造转化条件。

创造性思维是突破已有的思路，开创认识新成果的思维活动。在民营企业的领导工作中，领导者的创造性思维方法是对各种思维要素、思维程式、思维方法的综合运用，它需要付出更大代价、运用高超能力的思维活动。一般情况下，领导者要想发展自己的创造性思维方法，可以通过发挥个人的直觉、灵感与想象力，以及激发集体智慧来进行创造性思维。

2. 领导者的领导工作方法

当代科学技术的日新月异，以及社会结构变迁所带来的组织特征、人的行为特征以及心理倾向的变化，使得领导者在进行领导工作时也需要采取科学的方法来进行。而传统的调查取证、归纳综合的基本方法虽然也能对领导者进行领导工作产生一定的效用，但现代的科学方法更加强调调查研究基础之上的一些更高层次、更为精致复杂、方法论色彩更加浓厚的领导方法。因此，在民营企业领导活动中，领导者采取的领导工作方法主要有两种，即调查研究方法和现代科学方法。

（1）调查研究方法

调查研究法就是通过各种手段和途径，了解和掌握客观事物，全面、系统地收集有关事物的情况，并在此基础上进行去粗取精、去伪存真、由此及彼、由表及里的加工制作，从客观事物的本来面目中找出其规律性。

一般情况下，民营企业领导者在进行领导工作中所采用的调查研究法学具有以下几方面的特点。

第一，调查研究法不像试验研究法那样需要通过控制实验各因素的方法进行研究，而只需要通过对民营企业员工的工作状况进行考察，对其工作信息进行搜集等来进行研究，因此较为简单易行。

第二，调查研究法不受现场条件及时间条件的限制，运用比较灵活，收集资料速度较快，能够从各个侧面反映被调查者各方面的情况。

第三，尽管调查研究法可以广泛地运用于民营企业领导工作之中，但它实际上也有诸多局限性。

这些局限性主要表现在以下三方面：首先，调查研究法受调查对象的乐于合作与否的制约，若调查对象不乐于配合，那么调查就不易成功；其次，通常调查的结果都是表面的，难有较为深刻的内容；最后，调查者的主观倾向、态度等会对调查结果产生较大影响。

在民营企业的领导工作中，常见的调查研究法主要有两种，即问卷调查研究法和访谈调查研究法。

问卷调查研究法就是指民营企业的领导将一系列事先设计

好的问题组合起来，以书面形式问询被调查者的意见，通过对被调查者所给的问题答案的回收、整理和分析，获取有关信息的研究方法。

访谈调查研究法就是民营企业的领导有目的、有计划地通过与被调查者的面对面交谈来收集所需资料的调查研究方法。这种方法在民营企业领导工作中，既有面对面的个别访谈，也有以小型座谈会、调查会的形式进行的团体访谈；既有严格按调查计划所列的具体课题、步骤、重点、提问形式、指标系统、记录表格等内容进行周密调查的结构式访谈，也有弹性大、灵活性好的无结构式访谈。

（2）现代科学方法

现代科学方法是在现代科学发展的推动下产生的，这些方法大都从不同的侧面揭示了客观物质世界新的本质联系和运动规律，不仅为人们提供了新方法，而且也为民营企业领导者的领导工作提供了新思路。具体来看，在民营企业领导工作中，领导者常用的现代科学方法主要有系统论方法、信息论方法和控制论方法三种。

系统论方法就是将事物当作一个整体看待，将事物中蕴含的每一个要素都与这个整体联合起来予以考虑。也就是要从整体的眼光出发，将整体与部分紧密联系在一起。从这一层面来说，系统论方法实际上也是一种立足整体，同时关注部分，并将此二者辩证统一地结合在一起的一种科学方法。针对该方法的这些特点，民营企业领导者在运用系统论方法解决问题时，一定要注意研究各要素、各部分之间的有机联系，研究各要素的变化情况，并将其与整体联系在一起，以获得最佳的成效。

信息论方法就是将整个系统当作获取、传递、加工处理与反馈信息手段的一种方法。这种方法一般包括信息输入、信息加工、信息输出、信息反馈四个环节。民营企业领导者在运用该方法时，一定要遵循该程序，并要注意信息工作的基本要求，即要敏锐、迅速、准确、及时。

控制论方法是在信息和信息反馈原理的基础上,将人的行为、目的以及生理基础等联系起来,使事物的发展按照事先规定的功能目标得以稳定进行的方法。这种方法主要着眼于对信息的处理和控制,因此民营企业领导者在运用该方法时,要对事物之间的信息联系进行辩证分析,突出主要矛盾,在解决矛盾的过程中鸟瞰全局,保证事物按照预定目标发展。

二、民营企业的领导艺术

领导活动是一种灵活的应变技巧与不同凡响的待人处世风格的巧妙结合,在此过程中需要讲究领导艺术,即领导者要在一定的知识与经验的基础上,在高素质的前提下对非常规性事件的非模式化、非程序化的创造性的巧妙处理。在领导活动中,领导艺术具有非常重要的作用,它不仅能帮助领导者实施正确的领导,还能帮助领导者实现最佳领导效能。而对于民营企业领导者而言,其领导艺术主要包括以下几方面。

(一)协调人际关系艺术

领导活动实际上也是一种群体性行为活动,在这个活动中,领导工作的开展不仅在于指挥和引导下属朝着一个方向前进,更重要的是做好人际关系的协调,借此调动和激发人们的工作积极性。

在领导活动中,协调人际关系不仅有助于防止和减少内耗,形成高效能群体,而且有利于政策的制定、目标的统一,还是实现组织巩固、人员团结的有效途径。可见,协调人际关系的有效实施对帮助领导实施有效管理具有重要意义。

在实际工作中,协调人际关系艺术内容很多,但主要涉及领导者的是处理好与上级、同级、下级的关系,让上级信任赏识,鼎力支持;让下级心情舒畅,干劲十足;让同级愿意配合,与自己关系融洽。而要做到这一点,民用企业的领导者可从以下几方面入手。

1.协调好与下级的关系

一方面,绝大多数下属在接触上级时,具有一些共同的心理特征。作为领导,应尽力满足他们的需求,促进其工作的积极性与主动性。另一方面,要遵循公正、平等、民主、信任的原则,尊重下级,公平解决下级之间的矛盾与纠纷,正确对待与自己疏远的同事,并自觉与自己的亲友保持合适距离。

2.协调好与上级的关系

要做到这一点就要求领导者首先必须摸清上级的长处和短处,从而尽量展其所长,避其所短;其次要运用有效的方式方法,使上级了解自己工作的重要性和可行性;再次要准确推测出上级的指导思想和战略意图与自己在思想与行为之间的差距,并尽力缩小这些差距;最后应尊重上级,明确领导权威的意义。将这些措施综合起来,就是要做到对上级尊重而不恭维、到位而不越位、建议而不强求、服从而不盲从、补台而不拆台。

3.协调好与同级的关系

同级双方之间的地位是平等的,但又是潜在的相互竞争的对手,因此彼此之间的关系是非常微妙而复杂的。在现实生活中,许多领导者虽然能够处理好与上级和下级之间的关系,但却不能处理好与平级之间的关系,因而在日常工作中经常与平级互相掣肘,不能有效合作。而要解决这一问题,领导者需要做好以下几方面的工作。

(1)正确对待自己与平级之间的"合作"与"竞争"关系,热诚合作,积极竞争。

(2)以科学的方法和巧妙的处事态度赢得同级的信任与合作。

(3)真诚对待同级,尽力消除对方警觉"竞争"的心理障碍,建立和谐的合作关系。

（二）运筹时间艺术

人们常说"时间就是生命"，对于民营企业领导者而言，尤为如此。在民营企业的领导工作中，能否科学地运筹时间直接影响着领导者办事效率的高低。因此，运筹时间艺术也是一门民营企业领导必须掌握的艺术。而要真正地科学运筹时间，民营企业领导就必须注意以下几点。

1.将零星的时间集中起来运用，避免发生浪费

这种方法在管理学家杜拉克所著的《有效的管理》一书曾被提到，意思是要求领导者学会省出大块时间，以便整批使用。这样做不仅能提高工作效率，还能有效避免发生时间的浪费。而要做到这一点，管理者必须注意以下几方面的工作。

（1）在动手集中零星时间之前，必须做好每件工作的准备工作，以减少"空运转"时间。

（2）准备时间记录簿，定期检查，改进对时间的利用。

（3）在处理公务时分清轻重，先办大事，后办小事。

（4）不因闲聊浪费时间。

（5）经常将构想、凭据和资料存入档案，在会议和重要谈话之后，立即记录，这样能避免在事过之后忘记，而再浪费时间。

（6）做每项工作要给自己制定一个时间期限，并严格按照这个期限完成。

（7）要善于排除干扰，专心致志地处理要事。

（8）避免事必躬亲，学会授权。

（9）要善于挤时间。

（10）保持时间的弹性，即所制定的时间计划要留有一定余地，同时要在时间的使用上做到劳逸结合。

2.要对时间进行精心安排

俗话说，"凡事预则立，不预则废"。若在利用时间之前先做

一个时间计划,在计划中对时间进行精心安排,就能使领导者在工作中掌握主动权,巧妙地节省时间。在进行时间安排计划时,领导者可从以下几方面入手。

(1)按照工作的轻重缓急、规模大小制定日常工作计划,合理安排工作程序。

(2)每天列出自己需要完成的工作,并及时检查完成情况,以督促自己按时完成计划任务。

(3)在每天的工作结束后,应对自己当天的工作进行一个总结,通过总结分析自己利用时间的情况,找到不合理之处,以求日后改进。

3.充分利用时间

时间是不可逆转的,若不珍惜时间,它便稍纵即逝。因此,领导者除了掌握运筹时间的艺术外,还必须具备利用时间的能力,能充分利用时间。要做到这一点,领导者可从以下几方面入手。

(1)行动上要雷厉风行,力戒犹豫迟疑,切勿拖泥带水。

(2)工作时全力以赴,休息时尽量放松。

(3)抓住工作中的"间隙"。

(4)学会拒绝,有所不为。

(5)事先要先编制时间预算,做好应该做的工作,取消可以不做的工作,同时留出时间以应付突发事件。

(6)破除事必躬亲的观念,将一些工作分配给其他同事进行。

(7)讲究会议成本,学会开经济会、开短会,充分发挥会议的功能。

(8)学会利用高性能的办公工具,以赢得"工具时效"。

(三)领导者公关艺术

公关实际上也就是一种内求合作、外求发展的经营管理艺术。对于民营企业领导者而言,要能采用合理的公关艺术帮助企业协调和改善组织机构的对内对外关系,在公众心中树立良好的形象,以谋求公众对本组织机构的信任与好感,从而最终获得利益。

一般情况下,根据公关目的的不同,民营企业领导者的公关艺术大致上可分为宣传性公关、交际性公关、服务性公关、社会性公关、征询性公关、维系性公关、进攻性公关、防御性公关、矫正性公关、建设性公关等几种形式。而要想使这些公关收到切实可行的效果,领导者在开展公关活动的接待、拜访、谈判、信函和电话等活动中必须讲究艺术,且表现得体,这样才能有助于公关活动的成功。

具体来看,在接待过程中,民营企业领导者可从以下几个方面考虑提高接待艺术的效果。第一,掌握交谈的要领,多给对方说话的机会,并在尽可能短的时间里把握对方的心态,然后抓住时机。第二,要以情动人,以理服人。第三,要有接待的风度。第四,要妙用微笑。第五,要营造一个和谐温馨的气氛。

在拜访的过程中,民营企业领导者可从以下几个方面考虑提高拜访艺术的效果。第一,在初次拜访做自我介绍时一定要得体、准确、简明。第二,拜访要选择一个合适时间,注意不要打扰受访者的正常生活秩序。第三,拜访必须守时,态度必须诚恳,以便给受访者留下一个良好的第一印象。第四,重视临别话语的重要性,以便给对方留下深刻印象。

在谈判的过程中,民营企业领导者可从以下几个方面考虑提高谈判艺术的效果。第一,在谈判前要通过各种途径、方法了解对手,以做到知己知彼。同时,要制定可操作性较强的目标,规划好谈判思路。第二,在谈判过程中,要说服对方改变初衷。首先,应改变与对方的人际关系,以真诚坦率的态度赢得对方的信任,改变彼此对立的紧张关系。其次,要把握住说服的时机。在对方情绪激动或不稳定时,在对方喜欢或敬重的人在场时,在对方的思维方式形成极端定式时,尽量不要去说服对方。此时,应先设法稳定对方情绪,避免让其失面子,然后再择机说服。第三,在谈判结束后,双方已由原来的对立关系转变为合作的关系,因此要在谈判结束后及时向对方表达谢意,并及时安排签订协议的仪式,免得节外生枝。

在写信函和打电话的过程中,民营企业领导者要想使得自己的公关艺术效果更佳,可以从以下几方面入手。第一,要讲礼貌,信函与电话用语必须礼貌周到,真诚认真。第二,所选择的时机要恰当,以免出现打扰别人的情况。第三,要简明扼要、重点突出,不要废话连篇。

(四)处理突发事件艺术

俗话说:"人有旦夕祸福。"对于民营企业也一样,突发事件无疑是棘手的,任何领导者都不希望这类事件发生。但作为领导者,又必须直面现实,掌握必要的处理突发事件的艺术。

一般情况下,民营企业的突发事件都具有三方面的特征,一是首次发生,无先例可循;二是问题极端重要,事关大局,必须马上处理;三是事件突然发生,难以预料。因此,在处理突发事件上,民营企业的领导者必须做好以下几方面的工作,这样才有助于企业渡过难关,不断向前。

1.当机立断,迅速控制事态

当出现突发事件之后,民营企业领导者应对该事件立即做出反应,并尽最大可能控制事态,以免情况继续恶化,甚至失控。而要做到这一点,民营企业领导者可采用下面几种方法。

第一,心理控制法,即在突发事件发生后,保持清醒的头脑,稳定局势,以冷对热、以静制动、以治待乱。

第二,组织控制法,即在突发事件发生后,在组织内部迅速统一观点,稳住自己的阵脚,避免事态扩大化。

2.打破常规,敢于冒险决策

突发事件发生后,由于之前没有相关处理经验做参考,再加上处理突发事件必须要迅速,这就要求民营企业领导者在处理突发事件时,要勇于打破常规,敢于冒险,迅速做出决策并付诸实施。

3.注重效能

民营企业领导者在处理突发事件时,必须当机立断,迅速控制事态,这就要求他们所做出的决策必须能针对要害,要能迅速起到作用,扭转不利局面,这实际上也就是说要注重效能。

4.循序渐进

虽然处理突发事件必须要果断,且需要有一定的冒险精神,但这并不意味着民营企业领导者可以急于求成。相反,在某些情况下,领导者还需要选择稳妥的、循序渐进的阶段性控制方案,以保证能准确地控制突发事件的发展。

第二节　民营企业的员工关系管理策略

员工是企业发展的基础,但是在当前,员工关系却成为很多民营企业的管理盲点。不少民营企业认为企业与员工之间仅是一种各取其利的金钱雇佣关系,同时,大多数的民营企业的组织结构都比较简单,缺少专门协调、维护员工关系的机构。

这些原因都可能会使民营企业面临着员工关系紧张的局面。因此,有必要重视与加强对民营企业员工关系的管理。

一、建立"以人为本"的人际管理理念

所谓员工关系,是从人力资源管理角度出发提出的一个取代劳资关系的概念。员工关系管理的最高目标是能够让员工在全力工作之外没有其他后顾之忧。在注重"以人为本"的现代社会,企业员工的工作态度是企业发展的关键力量。而员工关系管理的有效执行能够带来一系列良好的连锁反应,其中最主要的就是

能够培养出真正敬业的员工。这也是企业在激烈的市场竞争的制胜法宝。

二、建立畅通的内部沟通机制

要建立和谐的员工关系和畅通的内部沟通机制，企业应加强以下几个方面的建设。

（一）要明确各级管理者的职责

从实质上来说，员工关系管理最终需要解决的是人的问题，而且主要是管理者的问题。因此，在建设员工关系的过程中，各级管理者要承担起企业利益的代表者、下属发展的培养者、规则执行的督导者的责任。从某种程度上来说，管理者能否实现自我定位、自我约束、自我实现、自我超越，对员工关系管理的成败有直接影响。

（二）要为员工建立多种情绪宣泄渠道

通常情况下，员工在工作中都会或多或少地遇到不顺心的情况，长此以往，就会给工作带来不利影响。因此，企业要为员工建立多种宣泄情绪的渠道。

具体来说，培训、定期的管理面谈、员工满意度调查、员工投诉制度、举办各种文体活动等方式都是较好的员工宣泄渠道。有了宣泄渠道之后，企业管理者还要加强与员工的有效沟通。

（三）与员工建立共同的愿景

不论是企业管理者，还是员工，都与企业的利益密切相关。企业利益的实现是通过企业共同愿景的实现来获得的。但是如果员工与企业没有共同的愿景，没有共同的信念，就不会产生利益相关的前提。员工并不是生来就认同企业的愿景的，因此，用愿景与价值观选择员工、打动员工是员工关系管理的第一步。

(四)通过相关管理流程,确保及时有效的沟通

沟通贯穿于员工关系管理的全过程,可分为入职沟通、日常培训沟通、绩效管理沟通、员工异动沟通、离职沟通等。

入职沟通一般由人力资源部与用人部门的领导负责,通常包括面试、试用、转正三个环节。它是企业选择合适的员工并使其快速融入组织的必要手段。

日常培训沟通一方面可以为员工解答工作上的困惑,另一方面也可以使员工快速进入工作状态。

绩效管理沟通是企业绩效管理的重要组成部分,其主要方式就是绩效面谈。

员工异动沟通是指当员工在企业发生职位变动时,往往出现较大的心态波动,为此,企业应加强在这方面的沟通,使员工明确工作变动的原因和目的、新岗位的工作内容等,使员工能够顺利地融入新岗位。

离职沟通是减少员工离职对企业造成负面影响的主要手段。对于主动离职的员工,通过沟通可以了解其离职的真实原因以便公司改进管理;对于被动离职员工,通过沟通可以为其提供职业发展建议。

三、建立良好的人际互动关系

良好的人际互动关系是民营企业抵御市场风险的坚固防线,是推动企业持续发展的重要因素。推动民营企业人际关系的良性互动要注意以下三个方面。

(一)管理层人员之间求同存异,团结合作

管理层之间的人际关系也会影响民营企业的发展。一方面,职业经理人要尊重管理层中的家族人员,尽量缩短与对方的心理落差;另一方面,家族成员也要诚心接纳和尊重职业经理人。双

方只有敞开心扉,才有实际行为中的合作,从而促进企业的发展。

(二)企业家与员工达成一致目标

在管理实践中,企业家要实施"以人为本"的"个性化管理理念",提升员工的自我价值感,使员工的个人心理目标与企业的目标保持一致,从而最大化地发挥员工的个人效用。

(三)普通员工之间优势互补,相互学习

不少民营企业都或多或少存在员工之间人际关系紧张、缺乏团队精神的现象。这种现象会导致企业其他有利因素的消亡。对于员工来说,只有相互认同、相互补充才能突破以自我为中心和局部小团体的狭隘意识,从而使企业获得长远发展。

第三节　民营企业薪酬设计战略

民营企业发展迅速的原因之一就是它具有相对灵活的薪酬制度。这意味着,一方面企业的薪酬体系与市场的变化相适应;另一方面,也存在着较大的随意性。因此,民营企业必须重视对薪酬体系的设计与管理。

一、民营企业薪酬制度的调整与创新

(一)科学设计符合自身情况的职位体系

职位体系,是符合企业实际、适应未来发展职位的责、权、利的有机统一体。目前,民营企业往往存在职级划分陈旧、职业发展通道单一等弊病。积极探索适合企业发展的职位体系不仅可以为员工提供多条职业发展通道,也可以使企业从中获得更大的效益。同时,科学的职位体系也是企业发展战略的需要,是打造

企业核心竞争力的必然要求。

具体来说,民营企业进行职位设计一般经过三个步骤——职位分析、职位描述、职位评估。其中,职位分析和职位描述是职位设计的基础,是运用一定的方法,全面了解职位工作的特点、性质与要求的过程。职位评估是指根据职位分析和职位描述的结果,按照一定的标准来判断不同职位对企业的价值大小,并据此结果建立职位序列。通过这个职位序列,企业就可以设计薪资框架,建立员工的职业发展通道。

(二)安排合理的人员配置,设置有效的晋升机制

企业要定时重新考察并配置自己的人力资源,以提高员工与职位的匹配程度。同时,企业还应该设置有效的晋升机制。比如采取竞争上岗的方式,为每个职位选定最适合的任职者,而选择依据不是专业是否对口或所谓的能力的高低,而是要考察申请人是否真正适合职位的要求。

(三)要采取透明化原则

目前,不少民营企业管理者担心薪酬透明化会"惹麻烦",因而选择"保密",但这样反而更容易引起矛盾。比较公开的薪酬制度不仅体现了这个制度的公正性、客观性,而且也可以使员工充分了解自己的薪酬与自己的贡献、能力之间的联系,有利于充分发挥薪酬体系对员工的激励作用,促进企业和个人的共同发展。

二、民营企业薪酬管理的设计与实施

(一)民营企业的薪酬体系设计思路

民营企业在确立薪酬体系的原则时,需要考虑四个维度——市场、岗位、资质和业绩。四个维度之间既相对独立,又具有一定的内在逻辑关系。

1.市场维度

从实质上来说,企业之间的竞争归根结底是人才的竞争,而人才价值的货币体现——薪酬,是受市场调控的,也就是说,只有具有竞争力的薪酬才能吸引到优秀的人才。因此,企业在实施薪酬战略时需要密切关注市场薪酬水平,建立符合企业承受能力、适应市场需求的薪酬体系,只有这样,才能在人才吸引和保留方面占据有利地位。

2.岗位维度

企业应该依据企业发展战略和发展阶段来设计岗位价值评估的要素和权重,在得到内部认可的前提下,对岗位的相对重要性进行评估,从而在同一标准下得出不同岗位的相对价值。岗位评估的要点是评价某一具体岗位对企业发展的相对重要性,而不是评价这个岗位员工的实际情况。

3.资质维度

资质是指在特定的环境中产生高业绩的行为特征。从某种程度上来说,将资质作为薪酬体系设计的参考因素之一,可以使企业更加关注员工的工作过程,关注与达成组织目标、实现期望业绩相关的行为特征。

4.业绩维度

业绩因素更多的是针对薪酬激励方面的问题。根据调查显示,美国现在约有三分之二的大中型企业会对员工实行某种形式的可变薪酬计划,因为他们意识到,"没有所有阶层雇员的承诺和参与是无法在严酷的国际竞争环境中生存下来的"[1]。

---

[1]　胡八一:《民营企业人力资源管理实务》,北京:电子工业出版社,2012年,第199页。

（二）民营企业薪酬结构的设计

1.薪酬等级

薪酬等级是在岗位价值评估结果的基础上建立起来的。划分薪酬等级需要考虑企业所属行业、企业文化、员工人数、企业发展阶段、企业组织架构等要素。通常情况下,薪酬等级越多,薪酬管理制度和规范的要求就越明确,但也有机械化的缺陷;薪酬等级越少,也就更加灵活,但缺陷是薪酬管理容易失去控制。

2.薪酬等级中值

等级中值是每个薪酬等级幅度内的中间数值,"这一数值往往作为该等级薪酬管理的控制点,等级中值应该在结合岗位价值评估和市场薪酬数据数值为依据的拟合趋势线上,这条线也是薪酬管理的控制线"①。在计算具体某位员工薪酬的比较比率时,等级中值是参照点。

3.薪酬等级幅度

薪酬等级幅度是指围绕等级中点上下浮动的付薪范围。薪酬区间的幅度需考虑的因素主要包括各等级员工薪酬增长的空间、薪酬管理的适应性等。

4.固定与浮动

将业绩作为薪酬体系设计的参考因素就会涉及在薪酬总额里设置固定和浮动薪酬的比例。一般来说,关于薪酬的固定与浮动比例需要考虑以下两点。

（1）高级岗位人员的工作主要倾向于决策方面,因此,他们承担着较大的运营风险,所以应设立比较高的浮动薪酬比例。而一

---

① 胡八一:《民营企业人力资源管理实务》,北京:电子工业出版社,2012 年,第 200 页。

般员工的浮动薪酬比例则相比较低。

（2）工作性质的不同也会影响着浮动薪酬设定的比例。例如，销售岗位往往浮动薪酬比例较高，而人事、财务等部门浮动薪酬比例则较低。

（三）民营企业薪酬管理的实施

1.进行薪酬核定，区分个体薪酬差异

企业应确定好企业的薪酬定位，参照岗位价值评估的结果设计出具体的薪酬结构。在核定薪酬过程中，要充分考虑到员工的个体差异性，这时就要考虑"资质"这个要素，如果个人资质高于岗位要求，那么可以适当提高薪酬。

2.科学设置浮动薪酬

浮动薪酬的设置体现了薪酬体系的激励特征。浮动薪酬的发放必须及时，并且向员工解释原因，这样才能真正发挥浮动薪酬的激励效果。

三、民营企业薪酬激励机制的设计

民营企业的薪酬激励机制的设计，首先要保证员工，尤其是企业战略性员工通过薪酬能实际参与企业运营。通过人力资本长期激励效应使员工的权益在企业发展中能够得到不断扩充，逐渐稀释原本模糊的产权关系。

民营企业应"以现代企业薪酬管理理论为指导，以理清企业产权关系为目标，通过各种方式努力提高员工的内在薪酬。增强员工对工作本身的兴趣，以此形成推力，促使员工充分发挥出自己的潜能"[①]。同时，重新安排民营企业员工的现金计划薪酬，朝

---

① 胡八一：《民营企业人力资源管理实务》，北京：电子工业出版社，2012年，第204－205页。

着以多通道生涯发展为导向的目标发展。

(一)进行科学的薪酬设计

民营企业的员工一般更加注重现金报酬的多寡,加上人们对未来经济预期的不确定,所以他们一般对长期报酬缺乏足够的信心。即使某些员工对长期报酬具有相对较高偏好,但他们同样也需要一定的现金收入,因为现时消费才是他们当前的需要。目前,民营企业一般员工的工资普遍较低,提高他们的整体现金货币收入,使其趋于合理化、科学化是民营企业薪酬体系重新建构的一个主要方向。

1.民营企业进行薪酬设计的原则

(1)公平原则

企业应该根据每个员工对企业实际贡献的大小,公正、公平地发放他们的薪酬。同时,在条件许可的前提下,使企业员工薪酬水平超出其他相关企业。

(2)补偿原则

企业应该根据各地实际的生活水平、经营成本等方面的差异,对员工的薪酬水平、考核指标做出适当调整,使企业薪酬具有深层次上的公平性。

(3)分享原则

对于那些为企业发展做出特殊贡献的员工,可以分享企业部分利润。这样员工的实际薪酬就包括三个部分:一是相对稳定的基本薪酬,二是人人有份的奖酬,三是由于重要贡献而分享的企业利润。

2.民营企业薪酬体系确定的基本方法

(1)薪点制

企业可以按照职务、职称、学历或学位、特定岗位工作年限、工作年限、管理幅度、责任与强度、管理半径、地区差异、特殊贡献等因素来确定每位员工的薪点。根据薪点制来制定员工薪酬体系,可以使员工的薪酬在动态上与企业经营状况保持密切的联系,从而使企业成为每位员工的利益共同体。

(2)计时制

计时制是指根据工作时间持续的长短来确定员工薪酬的计酬制度,计酬的时间单位可以是年、月、周、日、小时等。

(3)年薪制

这里所谓的年薪制是指将工作年限作为主要依据的计酬方法。通常情况下,员工的薪酬应该随着其在企业的服务年限或其某一工作岗位服务年限的增加而自动加薪。

(二)选择股权激励模式

股权激励是一种全新的薪酬管理模式,其根据不同的分类标准,可以分为不同的模式。按照基本权利义务关系的不同,可分为现股激励、期股激励、期权激励;按照股权激励责任基础的不同,可以分为以业绩为责任基础的股权激励模式和以股价为责任基础的股权激励模式;按照是否与证券市场相关,可分为与证券市场相关模式和与证券市场无关的模式等。

通常情况下,要实行员工持股和股票期权薪酬改革的民营企业,应该是在发展到一定阶段,资金、规模都达到一定程度时。"如果企业还处于百人以下或只有几十人的阶段时,从经济学上讲,这些企业的资本暂时还不能实现社会化,绝大部分也不可能实行所谓的股份合作制形式。"[①]即使企业已经具备一定的基础,也需要充分考虑企业内部各方的利益关系,不可急于求成。

---

① 胡八一:《民营企业人力资源管理实务》,北京:电子工业出版社,2012年,第209页。

第六章　民营企业财务管理研究

民营企业财务管理是民营企业管理的重要组成部分,是对民营企业在生产经营过程中客观存在的财务活动及其所体现的经济利益关系进行的综合性管理。民营企业财务管理活动最基本的动力和最主要的目标是追求利益,通过建立合理的财务关系来实现各利益主体的利益最大化,其管理的好坏关系到民营企业能否实现正常生产运营,以及民营企业能否朝着更加科学、合理的方向发展。鉴于民营企业财务管理的重要性和实践意义,本章将对民营企业管理进行专题研究。

第一节　民营企业财务管理的内容与现状

一、民营企业财务管理的内容

企业财务管理是指根据财经法规制度,按照国家法律法规和政策、财务管理的原则以及企业经营要求,遵循资本运营的规律,利用一定的技术和方法,组织、预测、决策、计划、控制、分析和监督企业财务活动,协调和处理企业与各方面财务关系的综合性管理工作。从以上定义中可以看出,企业财务管理包含财务活动与财务关系两部分内容。

(一)财务活动

企业的财务活动是指企业为生产经营需要而进行的资金筹集、资金运用、资金分配等一系列的活动。

1.企业筹资引起的财务活动

企业必须首先筹集一定数量的资金,才能从事生产经营活动。筹集资金是企业财务管理的一项基本内容。企业筹资的财务活动包括筹集注册资本、偿还债务本息产生的资金支出、发生债务引起的资金收入。在社会主义市场经济条件下,企业的资金来源渠道不断增加,筹资方式多种多样。

从整体上来看,任何企业都可以从三个方面筹集资金:一是从投资者处取得的资金形成的资本金;二是企业以留利形式取得的资金形成所有者权益的一部分;三是从债权人处取得的资金形成的负债。按权益性质归并,这三个方面的筹资可以归集为两种性质的资金,即所有者权益和负债。

企业从各种来源渠道筹集的资金,一般以货币资金形态、实物资金形态、无形资产形态三种形态存在。

在筹资过程中,企业要进行认真的分析、理性的选择,采用最优方案来筹集企业所需资金。

2.企业投资引起的财务活动

企业筹资的目的是将这些筹集的资金投入运用,以谋求最大的经济效益。

企业筹集的资金可以用于自身的生产经营过程中,也就是通常所说的对内投资,通过购买建造等过程,形成流动资产、固定资产、无形资产。另外,企业筹集的资金也可以对外投资,即以金融投资方式或者以现金、实物资金、无形资产等方式向其他单位投资。可见,企业投资的财务活动包括购买其他企业的股票、债券,购建固定资产和无形资产,处置各项投资产生的资金收入、合资经营产生的资金支出和获得投资利润。

3.企业生产经营引起的财务活动

企业在生产经营过程中,一方面,生产者使用劳动手段对劳动对象进行加工、生产产品,需要消耗各种材料,损耗固定资产、支付职工工资和其他费用。这些耗费的货币表现就是费用,其中计入产品等有关对象的费用就是产品等有关对象的成本。实质上,费用和成本都属于资金耗费。在发生资金耗费的过程中,生产者创造新的价值,包括为自己劳动和为社会劳动所创造的价值。因此,资金的耗费过程又是资金的积累过程。另一方面,企业通过销售产品和提供劳务取得销售收入,在这一过程中,企业的资金又转化为货币形态。通过产品销售,企业得以获得在生产经营过程中所创造的价值,不仅可以补偿产品成本和费用,而且可以使得企业盈利,增加企业的资金总额。可见,企业生产经营活动引起的财务活动包括采购原材料及商品物资、支付工资等引起的资金支出,以及提供劳务或者销售商品所产生的资金收入。

4.企业利润分配引起的财务活动

企业要分配通过投资取得的收入,一部分用来弥补生产耗费,保证企业生产经营活动得以持续进行;另一部分按照税法规定缴纳各种税金;还有一部分是企业的净利润,其所有权属于企业的投资者。净利润要提取公积金,分别用于弥补亏损、扩大积累,其余利润作为投资者的追加投资或作为投资收益分配给投资者或暂时留存企业。因此,企业分配利润引起的财务活动包括向投资者分配利润、弥补亏损、企业提取各项积累等。

企业筹集的资金按权益性质可归并为所有者权益和负债两种,对所有者权益这种资金进行分配时,是通过利润分配形式进行的;对分配报酬这种资金进行分配时,是通过将利息等计入成本费用的形式进行的。尽管分配形式不同,但是它们被分配后,都从企业的资金运动中退出。

在分配过程中,企业必须在国家分配政策的指导下,对分配的规模和分配的方式进行合理确定,以处理好企业的长期利益与短期利益,企业与国家、所有者、债权人,企业职工之间利益的关系。

上述资金的筹集、投资、运用、分配,构成了企业财务活动的整个过程。

（二）财务关系

财务关系是指企业在财务活动中与有关各方所发生的经济利益关系。具体而言，企业在组织财务活动的过程中，与各方面发生的经济利益关系，主要包括以下几个方面。

1. 企业与政府之间的财务关系

政府无偿参与企业资金的分配，同时对企业承担社会道义、实施各项财政经济政策所形成的经济关系；企业必须按照国家税法的规定，缴纳所得税、流转税等各种税款。企业与政府之间的财务关系体现着国民收入分配与再分配所形成的特定分配关系。

2. 企业与投资者之间的财务关系

企业与投资者之间的财务关系是指企业投资者对企业注入资本，企业向企业投资者分配利润所形成的经济利益关系，这是各种财务关系中最根本的财务关系。企业所有者主要有国家、法人单位、个人、外商四类。企业投资者要按照约定履行出资义务，以形成企业的资本金。企业利用资本金进行经营，实现利润后应按规定向企业投资者分配利润。企业同投资者之间的财务关系体现着所有权的性质与资本收益的分配关系。

3. 企业与债权人之间的财务关系

企业与债权人之间的财务关系是指"企业向债权人借入资金，并按借款合同的规定支付利息和归还本金所形成的经济利益关系"[①]。企业的债权人主要有：企业债券持有人、商业信用提供者、贷款机构、其他出借资金给企业的单位或个人。企业同其债权人的财务关系，体现的是债权债务关系。

---

① 章毓育，施雨：《民营企业财务管理》，北京：清华大学出版社，2015年，第10页。

4. 企业与职工之间的财务关系

企业与职工之间的财务关系是指企业用其收入向职工支付工资、劳保及福利等方面的报酬所形成的经济利益关系。职工是企业的劳动者，他们以自身提供的劳动情况作为参与企业分配的依据，这里奉行的分配原则是一种有偿分配——按劳分配。因此，企业与职工之间的财务关系体现着企业与职工之间的按劳分配关系。

5. 企业与客户之间的财务关系

在经济全球化的形势下，企业与客户之间的关系不仅影响着整个市场资源的配置能否合理有效，而且关系着企业的盈利能力、竞争能力以及未来的发展前景。企业与客户之间的财务关系是指企业与客户互相提供产品、劳务所形成的经济利益关系，体现着社会成员之间的分工协作关系。

6. 企业内部各单位之间的财务关系

企业是以生产经营活动为中心，由各个单位或部门所组成，互相配合、互相协调、共同实现各项目标的有机整体。企业内部各单位之间的财务关系是指在生产经营各环节中，企业内部各单位之间相互提供产品和劳务所形成的经济关系，体现着在企业总部统一管理下的分工协作关系。

二、民营企业财务管理的现状

当前，我国小规模的民营企业财务管理与大型、高科技民营企业财务管理呈现出不同的现状，接下来将对这两类企业的财务管理现状进行分析。

（一）小规模民营企业财务管理的现状

小规模民营企业的投资规模小、自有资金有限、员工素质不高、产品科技含量低、市场竞争力有限、企业经营管理水平低,因此这类企业的财务管理现状也不容乐观,主要表现为以下几方面内容。

1. 财务人员业务素质低,财务管理职能作用不大

在发展初期,民营企业的人事关系往往是基于血缘关系和地缘关系而形成的,基本不信任团体以外的人。在财务这一敏感部门,用人的重要依据和标准就是"忠诚度"。因此,在小规模低层次的民营企业中,难以留住经过正规专业培训的财务人才,其财务人员不能为管理高层提供有效的财务信息。

2. 凭经验决策,财务管理地位不高

小规模民营企业的决策模式主要为经验决策,因而呈现出经营决策高效率的特点和优势,但决策程序较为粗糙,决策所需的信息,信息的收集、处理、利用并不十分规范,决策信息和所作出的最后决策具有较差的准确度和较低的可靠度。[1] 企业的财务管理未受到应有的重视、财务管理在业主以外的管理中具备较低的地位,产生的影响也较小。[2]

3. 业主"说了算",财务管理内容单一

在发展的初级阶段,民营企业一般会表现出个人专权和家庭控制的特色,资产和权利主要集中于创业者(老板)身上。也就是说,创业者(老板)决定资金的筹集、使用。这种家族式经营,使财务管理也高度集中。不少小型民营企业的财务管理活动仅仅局限于财务控制,即"财务部门通过控制财务收支和分析检查财务指标完成情况来监督企业本身的经营活动,降低产品成本,增加企业盈利,协助业主实施财务监控"[3]。

---

[1]　万炎:《我国中小企业财务管理特征分析》,财会研究,2012 年第 7 期。

[2]　王水尧:《提高小型民营企业财务人员素质的体会》,会计之友,2004 年第 4 期。

[3]　周蔓:《中小企业财务管理的现状及发展策略》,中小企业管理与科技(上旬刊),2011 年第 10 期。

（二）大型、高科技民营企业财务管理的现状

民营企业完成资本原始积累发展到一定规模（资本千万元以上）后，企业的发展将主要依靠科技与管理人才来完成，企业管理也比国有企业创新步伐快，财务管理活动呈现出现代企业财务管理的特征。具体而言，大型、高科技民营企业财务管理的现状表现为以下几方面内容。

1. 企业财务管理目标明确，日益重视财务管理

民营企业的所有制结构决定了其经营目标是尽可能获得利润。在这一目标的指导下，企业的各个部门都致力于为企业创造更多的价值。同时，民营企业资产达到一定规模后，开始面向市场，财务工作也在各方面体现了市场对企业资金筹集和运用的影响。企业正是通过财务管理的统筹安排和统一协调，来面对不断变化的市场环境。私营业主及高层管理者也在这种外在压力的作用下，开始愈来愈重视财务专业人才的作用，重视对资金进行合理筹集、有效运用，加强财务分析与监督。

2. 激励机制灵活，不断创新财务管理工作

当前，财务人才在相当一部分大型民营企业中受到重视，这是因为企业业主认识到企业需要理财能人。另外，民营企业在资产达到一定规模后，将面临巨大的市场竞争压力，同时面对严厉的法律、政策、舆论环境而不得不淡化家族色彩，超越家族式经营的原始积累阶段，并以其灵活的人才聘用机制，为企业征得一批优秀的人才。为吸引和稳定这些专业的优秀人才，民营企业还需要搞活激励机制和大力建设企业文化。一些大型民营企业以"绩效股"等奖励促进企业发展员工的激励机制，有效地推动了管理人员不断创新管理理念和管理方式。财务经理也必须具有专业素质，精于管理、开拓进取，能真正促进企业发展。与国有企业相比，民营企业的财务管理工作少了很多限制，更容易创新发展，各

种适应现代企业发展的财务战略管理方法手段、市场观念、竞争观念、开放观念也更容易被采纳和接受。

3.集权型财务管理模式,突出财务控制分析职能

大型民营企业往往会形成一定的授权经营机制,从而形成业主以外的管理层,但大部分民营企业的财务管理依然实行集权型管理,信奉"稳定优先、兼顾效率"的原则。在企业统一筹划、监控的前提下,有效管理财务活动,并进一步健全企业内部的财务管理制度,保证资金安全有效使用。与此相适应,企业应进一步强化财务控制和分析职能,对落实财务责任进行分解与追踪控制,及时分析与解决误差。同时,公司财务人员参与企业经营的整个过程,促使企业经营的快速发展。

我国大型民营企业财务管理工作虽然得到了一定程度的改进,业主和管理当局也日益重视财务管理,但从总体上而言,民营企业财务管理依然处于低效率水平阶段。民营企业财务管理工作的现状与民营企业不断发展壮大的要求不相适应,要使我国民营企业的财务管理促进企业的不断发展和稳定前行,使企业具有强大的生命力和竞争力,就应对企业的理财环境进行深度优化,赋予财务管理部门更大的权力和责任。[①]

第二节　民营企业财务报表的认知与分析

一、财务报表及其目标

财务报表是对企业的财务状况、经营成果、现金流量的结构

---

① 汪亚萍:《刍议优化民营企业财务管理的对策》,科技经济市场,2007 年第 5 期。

性表述。企业编制财务报表的目标,是向财务报表使用者提供与企业财务状况等有关的会计信息,帮助财务报表使用者做出科学、合理的经济决策。

二、财务报表的组成

一套完整的财务报表至少应当包括以下几部分。

(一)资产负债表

资产负债表可以反映出企业股东(投资者)拥有的净资产、企业在某一特定日期所拥有的资产、需偿还的债务情况。

1.资产负债表的内容

资产负债表是指反映企业在某一特定日期的财务状况(包括所拥有的资产、需偿还的债务以及股东、投资者)的报表,主要反映以下三个方面的内容。

(1)资产

资产是指由"过去的交易、事项形成并由企业在某一特定日期所拥有或控制的、预期会为企业创作出一定经济利益的资源"[1]。资产在资产负债表中列示时,应当分为流动资产和非流动资产,在这两大类别下进一步按性质分项列示。

流动资产是指"预计在一个正常营业周期中变现、出售或耗用,或者预计在资产负债表日起一年内(含一年)变现的资产,或者主要为交易目的而持有的资产,或者自资产负债表日起一年内交换其他资产或清偿负债的能力不受限制的现金或现金等价物"[2]。资产负债表中列示的流动资产项目一般包括货币资金、应

---

① 章毓育,施雨:《民营企业财务管理》,北京:清华大学出版社,2015年,第51页。

② 章毓育,施雨:《民营企业财务管理》,北京:清华大学出版社,2015年,第51页。

收票据、其他应收款、存货等。

非流动资产是指流动资产以外的资产。资产负债表中列示的非流动资产项目一般包括固定资产、无形资产等。

（2）负债

负债是指在某一特定日期内企业所承担的、预期会造成经济利益流出企业的现时义务。负债在资产负债表中列示时，应当分为流动负债和非流动负债，在这两大类别下进一步按性质分项列示。

流动负债是指预计在一个正常营业周期中清偿，或者自资产负债表日起一年内（含一年）到期应予以清偿，或者主要为交易目的而持有，或者企业无权自主地将清偿推迟至资产负债表日后一年以上的负债。资产负债表中列示的流动负债项目一般包括应付职工薪酬、应交税费等。

非流动负债是指流动负债以外的负债。资产负债表中列示的非流动负债项目通常包括应付债券等。

（3）所有者权益

所有者权益是企业资产扣除负债后的剩余权益，它一般按照实收资本、资本公积、盈余公积、未分配利润分项列示，反映出企业在某一特定日期拥有的净资产的总额。

2. 资产负债表的结构

我国企业的资产负债表通常会采用账户式结构。账户式资产负债表分左右两方，左方为资产项目，大体按照资产的流动性大小排列。右方为负债及所有者权益项目，一般按要求清偿时间的先后顺序进行排列。

账户式资产负债表中的资产各项目的合计等于负债加上所有者权益各项目所得的和，即满足"资产＝负债＋所有者权益"平衡式。因此，账户式资产负债表能够反映出资产、负债、所有者权益之间的内在联系。

资产负债表表样如表 6-1 所示。

表 6-1　资产负债表（样表，适合于小企业）

编制单位：　　　　　　　　　　年　月　日　　　　　　　　　　单位：元

资产 Q	行次	期末余额	年初余额	负债和所有者权益	行次	期末余额	年初余额
流动资产：				流动负债：			
货币资产	1			短期借款	31		
短期投资	2			应付票据	32		
应收票据	3			应付账款	33		
应收账款	4			预付账款	34		
预付账款	5			应付职工薪酬	35		
应收股利	6			应付税费	36		
应收利息	7			应付利息	37		
其他应收款	8			应付利润	38		
存货	9			其他应付款	39		
其中：原材料	10			其他流动负债	40		
在产品	11			流动负债合计	41		
库存商品	12			非流动负债：			
周转材料	13			长期借款	42		
其他流动资产	14			长期应付款	43		
流动资产合计	15			递延收益	44		
非流动资产：				其他非流动负债	45		
长期债券投资	16			非流动负债合计	46		
长期股权投资	17			负债合计	47		
固定资产原价	18						
减：累计折旧	19						
固定资产账面价值	20						
在建工程	21						
工程物资	22						
固定资产清理	23						
生产性生物资产	24			所有者权益（或股东权益）：			

资产Q	行次	期末余额	年初余额	负债和所有者权益	行次	期末余额	年初余额
无形资产	25			实收资本(或股本)	48		
开发支出	26			资本公积	49		
长期待摊费用	27			盈余公积	50		
其他非流动资产	28			未分配利润	51		
非流动资产合计	29			所有者权益(或股东权益)合计	52		
资产合计	30			负债和所有者权益(或股东权益)总计	53		

(二)利润表

利润表是反映企业在一定会计期间内的经营成果的报表,表明企业运用持有资产获利的能力。

通过提供利润表,可以帮助财务报表使用者全面、深入地了解企业的经营成果,分析企业的获利能力,从而为其做出企业经济决策提供依据。

我国企业的利润表采用多步式格式,如表6-2所示。

表6-2　利润表(样表,适用于小企业)

编制单位:　　　　　　　年　月　　　　　　　单位:元

项目	行次	本年累计金额	本月金额
一、营业收入	1		
减:营业成本	2		
营业税金及附加	3		
其中:消费税	4		
营业税	5		
城市维护建设税	6		
资源税	7		

项目	行次	本年累计金额	本月金额
土地增值税	8		
城镇土地使用税、房产税、车船税、印花税	9		
教育费附加、矿产资源补偿费、排污费	10		
销售费用	11		
其中:商品维修费	12		
广告费和业务宣传费	13		
管理费用	14		
其中:开办费	15		
业务招待费	16		
研究费用	17		
财务费用	18		
其中:利息费用(收入以"－"号填列)	19		
加:投资收益(损失以"－"号填列)	20		
二、营业利润(亏损以"－"号填列)	21		
加:营业外收入	22		
其中:政府补助	23		
减:营业外支出	24		
其中:坏账损失	25		
无法收回的长期债券投资损失	26		
无法收回的长期股权投资损失	27		
自然灾害等不可抗力因素造成的损失	28		
税收滞纳金	29		
三、利润总额(亏损总额以"－"号填列)	30		
减:所得税费用	31		
四、净利润(净亏损以"－"号填列)	32		

(三)现金流量表

现金流量表反映企业在一定会计期间现金和现金等价物流

入和流出的情况。

1.现金流量表的内容

企业的现金流量分为以下三大类。

（1）筹资活动产生的现金流量

筹资活动是指导致企业资产及负债规模或构成发生一定程度的变化的活动。该活动产生的现金流量主要包括吸收投资、分配利润等流入和流出的现金及现金等价物。偿还应付账款等应付款项属于筹资活动。

（2）投资活动产生的现金流量

投资活动是指企业长期资产的购建和不包括在现金等价物范围内的投资及其处置活动。该活动产生的现金流量主要包括购建固定资产等流入和流出的现金及现金等价物。

（3）经营活动产生的现金流量

经营活动是指企业投资活动和筹资活动以外的所有交易事项。该活动产生的现金流量主要包括支付工资等流入和流出的现金及现金等价物。

2.现金流量表的结构

我国企业现金流量表采用报告式结构，对筹资活动产生的现金流量、生产经营活动产生的现金流量、投资活动产生的现金流量进行分类反映，最后汇总反映企业某一期间的净增加额。

我国企业现金流量表的格式如表6-3所示。

表6-3　现金流量表（样表，适用于中小企业）

编制单位：　　　　　　　　　　年　月　　　　　　　　单位:元

项目	行次	本年累计金额	本月金额
一、经营活动产生的现金流量			
销售产成品、商品、提供劳务收到的现金	1		
收到其他与经营活动有关的现金	2		
购买原材料、商品、接受劳务支付的现金	3		

续表

项目	行次	本年累计金额	本月金额
支付的职工薪酬	4		
支付的税费	5		
支付其他与经营活动有关的现金	6		
经营活动产生的现金流量净额	7		
二、投资活动产生的现金流量			
收回短期投资、长期债券投资和长期股权投资收到的现金	8		
取得投资收益收到的现金	9		
处置固定资产、无形资产和其他非流动资产收回的现金净额	10		
短期投资、长期债券投资和长期股权投资支付的现金	11		
购建固定资产、无形资产和其他非流动资产支付的现金	12		
投资活动产生的现金流量净额	13		
三、筹资活动产生的现金流量			
取得借款收到的现金	14		
吸收投资者投资收到的现金	15		
偿还借款本金支付的现金	16		
偿还借款利息支付的现金	17		
分配利润支付的现金	18		
筹资活动产生的现金流量净额	19		
四、现金净增加额	20		
加：期初现金余额	21		
五、期末现金余额	22		

（四）所有者权益变动表

所有者权益变动表反映构成所有者权益的各组成部分当期

的增减变动情况。

需要指出的是,企业的净利润及其分配情况是所有者权益变动的组成部分,相关信息已经反映在所有者权益变动表及其附注中,企业不需要再单独编制利润分配表。

(五)附注

附注是用文字描述或用相关资料详细说明资产负债表、所有者权益变动表等报表中列示项目,以及对未能在这些报表中列示项目的说明等。

第三节　民营企业的日常财务管理

在民营企业财务管理中,日常的财务管理对象主要包括对现金、应收账款、存货等流动资产的管理。相对于企业的投融资而言,民营企业经营者往往会忽视日常的财务管理。充分重视日常财务管理,有助于提升民营企业财务管理的质量和效率。

一、民营企业的现金管理

(一)民营企业现金管理概述

1.现金的特点

在社会主义市场经济背景下,民营企业一旦创立并开始经营,就必须拥有足够的现金购买生产资料、劳动力以及支付其他费用,为创造价值提供必要条件。现金的首要特点就是能够被人们所广泛的接受,可以立即用来购买原材料、劳务和偿还债务。因此,现金是企业生产经营活动的第一要素。

现金是企业流动性最强的资产,可以直接转化为流动资产,也可以立即投入流动的交换媒介。企业的各种各样的资产并不都能够起到交换媒介的作用。企业的应收账款、存货也是企业的资产,但是应收账款只有在收回现金后才能够使用,存货只有在资金缺乏的时候,才被迫用存货去偿还债务,换取其他资产。而现金则不同,它几乎可以换来企业的任何资产,因此,可以称得上是企业良好的交换媒介只有现金。

2.日常财务管理中"现金"的概念

财务管理中的"现金"不仅包括以现钞形式存放的现金,还包括一切可以立即且无障碍地转化为现钞的资产。比如,各种形式的银行存款和其他货币资金,这些资产虽然不是现钞,但是能够直接用来购买企业的其他资产或支付给其他企业。企业的现金一般是指在企业会计账目中的"现金、银行存款、其他货币资金核算"。

另外,有价证券(如企业债券、可上市流通的国债等)也可以称为现金。因为有价证券具有很强的变现能力,可以随时兑换成现金。不少企业在持有过多的现金时,用现金购买有价证券,以获取利息。当现金不足时,再卖出有价证券以换得现金。这样有价证券就成了现金的替代品。

3.民营企业持有现金的目的

现金是民营企业持有的流动性最强的资产,同时也是收益性最低的资产。但是,任何一家民营企业在日常财务管理中都必须持有一定数量的现金。其主要目的包括以下三个。

(1)满足企业的经营需要

在生产经营过程中,民营企业经常需要用现金来支付各种费用,如需要用现金购买原材料、支付职工工资等。企业能够通过销售商品或服务得到现金,但也经常发生上述现金支出,两者不可能同步。当现金的收入多于支出时,就会形成存余现金,反之,企业的现金就会缺乏。因此,为了保证企业正常运行,民营企业在日常财务管理中必须持有一定数量的现金。

（2）满足企业投机性的需要

投机性的需要是指民营企业用于不同寻常的获利机会。在生产经营过程中，民营企业有时会遇见投机性的获利机会，应当注意把握这种机会，给企业带来丰厚的收益。例如，企业在某一时刻预知了所需的某种原材料将大幅度涨价，即可用现金提前大量购入，待这种原材料价格真正上涨的时候，就会给企业减少大量的成本。

（3）满足企业的预防性需要

在生产经营过程中，民营企业有时会出现难以预料的情况。比如，因存货的丢失而需要补充购买，客户的破产导致应收账款不能按时收回等。如果企业所持有的现金只是可以满足企业市场经营的需要，一旦遇到这种突发事件，就会使企业陷入被动。因此，民营企业必须持有一定数量的现金来有效预防这些突发事件。

另外，有的民营企业会保留较多的现金来维持企业良好的信誉和形象，因为充足的现金余额是不少银行贷款的条件之一。还有借款的民营企业也会积累一定的现金来偿还债务，因为债务都是需要用现金来偿还的。

（二）民营企业现金周转期间的管理

1. 现金循环

在建立一个民营企业时，首先要筹集一定数量的资金作为企业最初的资本。企业建立之后，民营企业会用所持有的现金购买生产经营所需的各种资产；在经历了运营过程之后，这些资产又陆续变成现金。这意味着"在企业生产经营中，现金变为非现金资产，非现金资产又变为现金，这种周而复始的流转过程称为现金流转。这种流转无始无终，不断循环，又称为现金的循环"①。

在企业实际生产经营活动中，现金循环又可以分为短期循环

---

① 庞丽：《企业现金流转》，现代经济信息，2007 年第 8 期。

和长期循环。现金的短期循环是企业用现金购买原材料,将原材料加工成为产品,待产品销售出去后又变为现金。现金的长期循环主要表现为企业用所持有的现金来购买固定资产。在企业的生产过程中,企业的价值逐渐减少,这些减少的价值成为折旧费用,折旧费用作为企业的生产成本计入企业的产品成本中。企业在出售产品时,将成本收回,变为现金。

2.营业周期的计算

民营企业经常出现的资金周转不灵问题基本都是企业现金的短期循环不顺畅引发的。

民营企业用现金购买原材料或将原材料加工成产品,就形成了企业的存货,而由于赊销政策的存在,企业的产品销售出去之后,往往要经过应收账款,才能转化成现金。

营业周期是指民营企业从取得存货开始到销售存货并收回现金为止的这段时间。营业周期长,说明企业的资金周转速度慢,现金流动出现了问题;反之,营业周期短,则说明企业的资金周转顺畅,周转速度很快。

采购应付账款的天数、销售应收账款的周转天数、存货的周转天数共同决定了营业周期的长短。也就是说:

营业周期=存货周转天数+应收账款周转天数-应付账款天数

由于应付账款天数的决策权通常属于对方企业,因此对于一般民营企业而言,资金周转管理应该侧重于存货周转与应收账款周转的管理。

(1)有关存货的周转

存货周转天数反映着存货周转速度,是衡量和评价企业购入存货等各个环节上存货管理的综合性指标。

存货周转率是指企业的存货每年周转的次数,其计算公式如下。

存货周转率=企业全年销售产品的成本÷企业平均存货

存货周转天数＝360÷存货周转率

上述公式中,企业全年销售产品的成本可以从利润表相关项目中取得,平均存货则是企业资产负债表中"期初存货"和"期末存货"之和的平均数。

例如,某民营企业某年度产品销售成本为 600 万元,期初存货为 70 万元,期末存货为 30 万元。那么,其存货周转率为 600÷[(70＋30)÷2]＝12 次,存货周转天数为 360÷12＝30 天。

存货的周转天数指标的好坏反映民营企业存货管理水平,不仅影响着企业现金周转的速度、企业资金的使用效率,还影响着企业资金占用的多少。一般而言,存货周转次数越多、速度越快,周转天数越少,存货的占用越低,流动性就越强;存货转换为现金或应收账款的速度越快,就说明存货管理的业绩越好,从而显示出良好的短期偿债能力和盈利能力。另外,在企业产量相同的情况下,存货的周转速度越快,企业保留的存货就越少,因此企业存货所占用的资金就越少。企业应该在保证正常生产经营的同时,尽量加快存货的周转速度,减少经营资金的占用,提高资金的使用效率。[①]

(2)有关应收账款的周转

应收账款周转天数反映企业应收账款的周转速度以及企业的赊销收入可以变成企业现金的平均时间。

应收账款周转率＝企业全年销售收入÷企业全年平均应收账款

企业应收账款周转天数＝360÷应收账款周转率

上述公式中,企业全年销售收入来自利润表的相关项目,企业的应收账款来自企业资产负债表中应收账款的"期初余额"和"期末余额"之和的平均数。

例如,某企业全年销售收入为 900 万元,企业年初应收账款

---

① 章毓育,施雨:《民营企业财务管理》,北京:清华大学出版社,2015年,第 129 页。

余额为 180 万元,年末应收账款余额为 120 万元,那么就可以计算出企业的应收账款周转率为 900÷[(180＋120)÷2]＝6 次,企业的应收账款周转天数为 360÷6＝60 天。

应收账款周转天数指标的好坏是对民营企业应收账款管理水平的反映。企业的应收账款周转天数越短,其变为现金的速度就越快;反之,企业收回现金的速度就越慢,它将会使得企业的流动资金过多地积压在应收账款上,从而不利于企业现金流的周转。

(三)民营企业现金预算的编制

1.现金收入预算

现金收入预算是在销售预测的前提下,根据民营企业年度目标利润及确定的销售单价、销售收入等参数编制的。

预算期现金收入主要指销售收入,因此,预算期现金收入主要取决于销售预测。

目前,大部分企业都会采取赊销的政策,在未来一定时期内实现的销售收入并不能完全收回现金。因此,做好销售预算后,要对企业未来实现的销售收入能够收回的现金进行预计。

最后预测企业的现金总收入,它包括以下三方面:一是参考企业以前实现的销售收入收回的现金;二是预测企业未来一定时期内销售收入收回的现金;三是预测企业其他经营业务收到的现金,如企业对外投资得到红利收入的现金、企业转让资产收回的现金、企业出租资产收到的现金等。

2.现金支出预算

民营企业的现金支出主要应用于以下几个方面。

(1)购买生产用的原材料

根据生产量的预测,结合库存原料实际数,预计民营企业本月大量采购原料所需要的现金。具体而言,民营企业购买原材料现金支出的预算包括以下几个步骤。

第一，预测企业未来需要购买的原材料的数量。由于企业的生产和销售不是同步的，因此企业购买的原材料的数量与未来销售产品的数量要消耗的原材料也不相同。企业为了维持正常的生产经营，都会存有一定数量的存货。因此，企业的未来一定时期内需要购入的原材料数量的计算如下。

企业需要购入的原材料＝企业未来生产需要的原材料＋企业未来期末应该保留的原材料－企业原有的原材料

第二，预测企业在未来一定时期内购入原材料所需要支付的现金。由于赊销政策的存在，企业不一定会马上支付这些原材料所需要的现金，企业支付的现金也并不与原材料的购买价格相同。

第三，计算企业上期购买的原材料需要在本期支付现金的数量，将这个数量加上企业未来购买的原材料当中需要支付的现金的部分，就是企业未来购买原材料需要支付的现金。

（2）支付职工工资以及现金

本期为职工支付的工资与现金等于预算期间应付职工工资及为职工支付的住房公积金等现金支出，加、减应付福利费、应付工资及其他应付款期末与期初的差额。[①]

企业发放工资奖金的支出预算比较简单，不过在预算时应该注意某些企业的奖金不是每个月发放的，有的会有年终奖。

（3）支付办公费用

企业可以根据过去费用的支出情况，结合企业未来的人员规模、企业的经营战略来预测企业的办公费用。

（4）支付税费的现金

支付税费的现金等于预算期间应付增值税、营业税等税金及附加，加、减应付税金及应付税金附加的期末与期初的差额。

3.现金余额的计算

现金余额等于民营企业的预计现金收入减去预计现金支出。

---

① 包科刚：《试谈企业财务预算的编制》，上海会计，2000 年第 3 期。

如果现金余额为正值,说明企业有节余的现金;如果现金余额为负值,则说明企业的资金不足,需要额外筹集资金,来保证企业的正常生产经营。

二、民营企业的应收账款管理

(一)民营企业应收账款管理的重要性

作为民营企业一项重要的流动资产,应收账款是企业的销售收入与企业的现金之间转化的重要环节。应收账款的管理在民营企业日常财务管理中占有举足轻重的地位。

1.关系到民营企业的现金流转平衡

现金循环的过程是企业用现金购买原材料、设备和人工,然后将原材料加工成产品,再将产品销售出去换成现金。企业为了扩大销售额,会采取赊销的政策,从而产生应收账款。从应收账款到现金是现金循环的最后一个环节。如果对应收账款的管理不到位,那么就会造成现金流转的不畅通。

2.关系到民营企业的销售额能否真正转化为经济效益

在当今社会主义市场经济环境下,企业把销售作为扩大销售的手段之一。为了在市场竞争中处于优势地位,一般企业都会以各种赊销方式来销售产品,因此就产生了应收账款。但是,应收账款只是企业的一项债权,只有将其收回,转化为现金,销售额才能够真正产生经济效益。

(二)民营企业应收账款管理中存在的问题

1.没有科学的信用标准

制定科学、合理、切合实际的信用标准需要综合考虑民营企业的产品市场状况、生产成本等各个方面的情况,然而不少民营企业在制定信用标准时往往是根据企业经营者的主观判断来确定,显得过于随意。

2.没有专人负责应收账款的管理

在不少民营企业中,没有专人负责应收账款的管理,这不仅会造成管理上的真空,给企业带来大量的呆账坏账,还会使得企业的经营者对应收账款的回收状况无法进行真正的了解,不能客观地估计企业的经营效益。

3.缺乏对客户的信用评估

对客户的信用评估是应收账款管理中的一个重要环节。企业可以根据客户的信用度来采取有针对性的、合适的赊销政策。对于那些信用好的客户,企业可以采取较为宽松的赊销政策;对于那些信用较差的客户,企业应该采用较为严格的赊销政策;对于那些信用特别差的客户,企业应不采用赊销政策,以避免坏账损失。但是,不少民营企业没有对客户的信用评估足够重视,所制定的赊销政策没有针对性,往往在不了解客户信用的情况下,就盲目地对一些客户采取不适当的赊销政策。

(三)民营企业应收账款管理的要点

1.加强销售的管理

(1)建立赊销审批制度

在开展所有的赊销业务前,都需要经过经办人员审批。民营企业可以根据自身特点和管理方法,设立一个较为科学的赊销审批制度,"赋予不同级别的经办人员不同金额的审批权限,各经办人员只能在各自的权限内办理审批,超过限额的,必须请示上一级领导同意后方可批准"①。

---

① 熊绪进:《应收账款管理之我见》,中国外资,2012 年第 13 期。

（2）培养销售人员的回款意识

销售人员不仅要有销售产品的计划，而且要有完善的收回货款的计划，合理地安排好收款、拜访、递送账单、递送结款单、路线表，做好事前的周密准备。为了帮助企业及时回收货款，督导销售人员积极完成应收账款的回收，销售主管也应该有正确的安全销售理念、财务策略及财务观念，配合公司的资金和财务政策，制订一套有效的收款计划及目标。

（3）加强销售合同的管理

民营企业在与经销商签订销售合同时，要注意明确各项交易条件以及双方的权利、义务与违约责任，确定合同期限，合同结束后根据具体情况再决定是否续签，以避免日后处理应收账款时与经销商发生矛盾，增加生产经营的风险。

（4）会计部门定期进行财务对账

在民营企业的销售和收款过程当中，经常会出现企业和客户对于销售产品的数量多少、规格高低不一致的现象，这种现象往往会导致企业不能及时收回应收账款。因此，财务要形成定期的对账制度。财务部门要将每家欠款户的欠款情况编制成为详细的对账单，并把对账单交给企业的相关销售人员，再由企业销售人员与欠款户进行沟通和交流，核实欠款金额，并由客户签字盖章后返回。

2. 制定恰当的赊销政策

民营企业采用赊销方式，虽然要付出一定的代价，但也可以开拓市场，并在市场上占据有利地位，降低成生产品的仓储费用、管理费用。过于宽松的赊销政策会增加企业的坏账，过于严厉的赊销政策会降低企业的销售额。因此，民营企业应该综合考虑各方面因素，权衡利弊，制定合理的赊销政策。

首先，允许客户的购货款赊欠一定时间，一方面会起到扩大销售、增加毛利的作用，另一方面也会引起应收账款和收账费用一定程度的增加。因此，民营企业必须要求因信用期限的延长带来边际收入的新增量超过边际成本的上升数。

其次,民营企业在延长信用期限的同时,可以按销售收入的适当比率给予规定期限内提前偿付货款的客户一定的现金折扣,折扣优惠的期限和程度应根据企业的自身需要来定,从而加速资金周转、及时收回货款、减少坏账损失。

最后,民营企业在确定赊销政策时,还应该考虑同行业竞争对手的情况和企业承担失信违约风险的能力。民营企业风险承担能力的强弱对信用标准高低的选择也具有一定程度的影响。如果承担风险的能力薄弱,企业只能执行严格的、较高的信用标准,尽可能降低违约风险;如果承担风险的能力强,则能够以较低的信用标准争取客户,开拓市场,扩大企业的市场占有额。

3.加强客户的信用管理

民营企业应该具体情况具体分析,对不同的客户采用不同的赊销政策。对于应收账款较多的企业,应加强管理客户的信用。对具有良好信用的客户采用较为宽松的赊销政策;对信用较差的客户采用较为严格的赊销政策,甚至不给予赊销政策。

(1)做好赊销客户的资信调查

对客户的资信调查是指深入实地的调查拟赊销客户的企业信誉、资产状况等。

财务管理界比较流行的就是采用"5C"系统调查客户的信用。所谓 5C 是指"品质(Character)、能力(Capacity)、资本(Capital)、抵押(Collateral)和条件(Conditions)"[1]。即分析和评价客户的品质和信誉、偿债能力、资本实力、可抵押的资产以及客户的经营条件。

民营企业应该根据调查的结果对客户的信用等级进行评定,并把所有客户根据信用是否良好进行分级,从而建立赊销客户的

---

[1]　吴亮,熊钰峰:《基于 5Cs 信用评估模板的应收账款管理模式研究》,会计之友,2011 年第 10 期。

信用等级档案。

民营企业每年都应该重新评定客户的信用等级,随时检查每次赊销与所欠账款之和是否超过本单位确定的信用额度。对于在两次调整之间出现的特别情况还应该随时调整,并为今后评定客户信用等级和额度提供事实依据。

(2)按赊销客户的还款能力和信用等级,确定赊销金额的大小和期限长短

民营企业做好赊销客户的资信调查,建立完善的客户信用档案之后,应该根据企业总体的赊销计划确定每个客户的赊销标准。企业每年赊销的总金额应当根据企业当年的生产计划等因素来确定,然后根据确定好的赊销总金额以及各个客户的信用等级、经营能力和产品类型进行具体分配,从而确定赊销客户的最大赊销金额。此外,还应该针对客户的信用等级来确定赊销的期限。

4.做好账龄分析与收款工作

应收账款的账龄是指"资产负债表中的应收账款从销售实现、产生应收账款之日起,至资产负债表日止所经历的时间"[①]。

民营企业要根据不同的账龄确定不同的收款解决方式。比如,对于账龄在三个月以内的应收账款采取正常催收,对于账龄在三到六个月的应收账款采取打折回收,对于账龄在六个月到一年的应收账款采取易货抵款等。

在收款过程中,民营企业应该特别注意那些账龄较长的款项,对拖欠货款六个月以上的客户,应加大催收力度,执行强制措施,如采用诉讼方式。对一些欠款时间较长、金额较大、信誉较差的赊销客户,需有专人负责,兑现落实经办赊销人员的奖惩。

---

① 陈娜:《应收账款账龄审计的探讨》,中国管理信息化,2011 年第 13 期。

三、民营企业的存货管理

(一)民营企业存货管理的原因

存货是指企业在生产经营过程中为生产或者销售而储备的物资。如果企业可以在生产需要的时候随时购入原材料,在产品生产之后随时卖出,那么企业就不需要有存货,但这只是一个理想状态,实际上企业都会保存一定数量的存货。具体而言,民营企业存货管理主要出于以下三个原因。

1.保证生产经营的需要

由于任何商品都会有市场断档的可能,企业很难做到在生产需要的时候随时购入所需要的原材料,即使原材料的市场供应量充足也是如此。另外,原材料的销售厂家通常都会和企业有一定的距离,这就意味着原材料的购入需要运输,很难确保在运输上不出现故障,一旦企业的原材料供应不上,生产经营就会被迫中断,从而给企业带来很大的损失。

2.销售形式的需要

企业生产出产品,并不可以保证立即销售出去。即便是那些按照订单生产的企业,客户也会延迟一段时间前来取货。因此,这些生产成品在销售之前会暂时存放在企业,从而形成存货。

3.采购价格的考虑

企业如果随时购入原材料,其购入的批量自然会减小。一般而言,商品的购买量越大,其价格也就越低。因此,为了享受价格上的优惠,企业往往会多购买一些原材料,从而形成存货。

（二）民营企业存货管理的要点

1. 做好需求的预测

有的民营企业在安排存货的数量时，会对需求进行预测，以预测的结果为根据。但是由于需求预测不准，企业为了避免存货断档，库存短缺，影响企业日常的生产运营，也不得不额外增加较多的保险储备，这也是企业库存过多的一个原因。需求预测不准的原因有很多，比如有关人员预测的水平不高，其预测的数字往往是经过草草的计算得出的。因此，企业应该尽量对库存的需求量进行准确预测。

2. 以需定存，避免不必要的积压

不少民营企业没有科学的计算和规划存货的数量，原材料购进的数量往往是有关负责人根据经验判断来确定的。实际上，产成品的存货数量应该根据市场的销售形式进行确定，但是不少民营企业在市场销售形势一片良好的情况下，盲目地扩大生产，结果造成大批产品积压在库存中。因此，应该根据客户需求规律均衡组织进货，避免过量存储。另外，还可以根据存货类别，使用适当手段处理。例如，对于某些新型材料物品，估计价格会在一定时期内大幅度上涨，属于长线物资，可适当多存。

3. 保证原材料供应的稳定性

企业发生库存短缺的可能性和原材料供应的不稳定性有关。因此，民营企业要想减少保险储备量，就必须保证原材料供应的稳定性。民营企业可以和原材料供应商进行沟通与协调，互相了解彼此的生产计划。另外，还要加强或改善现场管理，减少废品或返修品的数量，为原材料的按量供应提供保障。

4. 合理安排企业的销售

民营企业销售情况的波动性也会造成企业的存货增加。不少民营企业在销售旺季到来之前,生产出更多的产品,以应付销售旺季的大量需求,因此造成在销售淡季存货数量积压过多。为解决上述问题,企业应尽量让生产速度与需求变化吻合,这是企业所能采取的最好办法。比如,对于需求有淡季旺季之分的产品,可以在需求淡季通过价格折扣等促销活动转移需求,从而尽量减少存货需求的波动,这样做还可以在淡季促进企业资金的流转。

(三)民营企业存货日常管理的 ABC 管理法

ABC 管理法是一种选择重点、照顾一般的存货日常方法,其原理是根据存货的占用额大小,将存货分为 A、B、C 三类。

A 类存货品种通常占总数量的 5%～10%,占存货资金总额的 70%～80%,虽然数量不多,但 A 类存货所具有的价值高、占用资金多,属于重点管理对象。

B 类存货介于 A 和 C 两类之间,其品种金额均占 10%～20%,通常应定期概括性检查与控制 B 类存货。

C 类存货品种通常占总数量的 70%～80%,数量较多,但单位价值较低,占用资金少,仅占存货资金总额的 5%～10%,因此属于非重点管理对象。

上述 A、B、C 三类存货中,由于各类存货的重要程度不同,一般可以采用下列控制方法。

1.对 A 类存货的控制

要对每个项目的经济订货量和订货点进行科学计算,为了减少存货积压,占用大量的存储费用和资金,应该尽可能适当增加订购次数;同时,为有效加强日常控制,还可以为该类存货分别设置永续盘存卡片。

2.对 B 类存货的控制

与 A 类存货一样,要事先计算每个项目的经济订货量和订货点,也可以分别设置永续盘存卡片及时反映库存动态,但不需要像 A 类存货那样严格,只需要定期进行概括性的检查。

3. 对 C 类存货的控制

由于 C 类存货的数量多,单价、存货成本都较低,因此可以适当增加每次订货数量。以采用一些较为简化的方法对这类物资进行日常的控制和管理。

存货的 ABC 管理法的主要步骤如下。

第一,按一定标准"将库存物资按顺序排列,计算出每种物资的资金占全部库存物资的比率,并依次逐项进行累积,相应地求出累积项数占总项数的百分比"[①]。

第二,将全部库存物资分为 A、B、C 三类,将排列最前的,数量大约占 10%,所占资金大约为 70% 的存货划为 A 类;将排列在最后的,数量大约占 70%,所占资金大约为 10% 的存货划为 C 类;其余为 B 类,其数量与所占资金都大约为 20%。

第三,对上述分类进行调整。上述标准是从价值的角度出发进行划分的,但是存货的重要性并不只是由其自身价值决定的,还包括一些其他因素,因而有必要进行适当的调整,尤其注意以下几点。

其一,供应紧张的存货。如果这类存货是市场上热销的产品,企业应该加强管理,保证充足的供应,因为企业在未来一定时间内可能难以购入此类存货。

其二,虽然价值不高,但是一旦发生短缺会在较大程度上影响企业正常生产经营的存货。比如,某些关键设备的配件,某些关键的不可替代的原材料。对于这种存货应该划为 A 类。

其三,送货时间较长的存货。因为其送货时间较长,一旦发生短缺,将会在较长时间耽误企业的生产,同样也会对企业造成

---

① 仝德全:《浅议煤矿企业采购成本管理》,沿海企业与科技,2009 年第 8 期。

很大损失。因此,即便这种存货价值不高,也应该将其划为 A 类进行管理。

由于物资的重要性往往不只是反映在某一方面,还关系到资源取得的难易、物资对生产的影响等因素,因此也可以采用其他标准或结合多种影响因素进行统一分类。同时,需要根据所管库存物资的具体情况规定 A、B、C 三类物资所占百分比数。

区分 A、B、C 三类物资以后,再对管理力量与经济效果进行权衡,对之实施不同的管理。对重点的 A 类物资,要尽可能降低定购量,减少库存量,通常采用定期库存控制法进行严格的管理与控制;对 B 类物资,可选择补充库存制度的方式进行管理与控制;对 C 类物资,可适当提高保险储备量、加大订购批量、采用定量库存制度进行管理和控制,如库存量等于或低于再订购点时,就补充订购,以减少日常的管理工作。

第四节　民营企业的税务与投资管理

一、民营企业的税务管理

(一)民营企业税务管理的意义

企业税务管理是现代企业财务管理的重要内容,其主要内涵是指"企业对其涉税业务和纳税实务所实施的研究和分析、计划和筹划、处理和监控、协调和沟通、预测和报告的全过程管理行为"[①]。随着国家税制改革的不断推进,越来越多的企业意识到税务管理具有重要意义。

---

① 白晓洁:《浅议税务管理在财务管理中的作用》,现代商业,2011 年第 5 期。

首先,税务管理是实现企业财务管理目标的有效途径。税金支出对企业的现金流量具有直接影响,而现金流量是企业价值的基础。只有事先安排经营、投资、理财活动,做出科学的税收筹划,选择最佳的纳税方案以降低税收负担,才符合现代企业财务管理目标——企业价值最大化。

其次,税务管理应当贯穿于企业财务决策的各个领域,成为财务决策无法替代的重要内容。现代企业财务决策包括筹资决策、投资决策、生产经营决策等。这些决策都直接或间接地受到税收因素不同程度的影响。不同的决策会产生不同的税负,决策不专会增加税负甚至带来纳税风险。

最后,税务管理有助于提高企业财务管理水平,增强企业竞争力。作为企业理财的一个重要领域,税务管理是围绕资金运动展开的,目的是为企业创作最大价值。开展税务管理有助于企业提高管理水平和经济效益,规范企业经营行为,有效防范税务风险,获得良好的税务评价和信誉,维护企业形象,促进企业的发展。[①]

(二)民营企业税务管理的原则

企业税务管理必须遵循以下几个原则。

1.合法性原则

企业开展税务管理必须遵守国家的各项法律、法规等。依法纳税是税务管理必须坚持的首要原则。

2.成本效益原则

税务管理的根本目的是使企业获益。因此,企业进行税务管理时要从整体税负的减轻出发,综合考虑各种现实情况,力图使税务管理实现的收益最大化。

---

① 赖静:《浅析税务管理与财务管理目标》,中国商界(下半月),2010年第7期。

3. 事先筹划原则

企业经营管理活动决定着应纳税额,纳税核算只是反映纳税的结果。因此,企业进行税务管理时,要事先筹划和安排企业的经营、投资、理财活动,最大限度地减少应税行为,科学降低企业的税收负担,实现税收筹划。

(三)民营企业税务风险管理

1. 民营企业税务风险管理体系

税务风险是指"企业涉税行为因未能正确有效地遵守相关税法规定而遭受法律制裁、财务损失或声誉损害的可能性"[①]。税务风险管理是防止和避免企业产生偷税漏税行为的对策。

民营企业应定期、全面地收集相关信息,结合实际情况,通过风险识别、风险分析等步骤,查找企业经营活动及其业务流程中所存在的税务风险,分析和描述风险发生的可能性和条件,评价风险对企业实现税务管理目标的影响程度,从而确定风险管理的优先顺序和策略。[②]

一般而言,民营企业应从自身实际出发,结合自身税务风险管理机制,重点识别企业财务状况、经营成果及现金流量情况,税务管理的技术投入和信息技术的运用,企业面临的经济形势、产业政策等税务风险因素。

2. 民营企业税务风险内部控制和应对措施

民营企业应根据税务风险的评估结果,结合风险管理的成本和效益,在企业管理控制体系内建立内部控制机制,合理设计税

---

① 章毓育,施雨:《民营企业财务管理》,北京:清华大学出版社,2015年,第184页。

② 罗威:《基于 AHP 分析法的中小企业税务风险预警体系构建》,财会通讯,2012年第15期。

务管理的流程及控制方法,制定税务风险的针对性措施,全面控制税务风险。

民营企业应根据风险产生的原因,从组织机构、职权分配等多方面建立税务风险控制点;根据风险发生的规律和重大程度,建立预防性、反馈性控制机制;根据风险的不同特征,采取相应的人工或自动化控制机制。

民营企业税务部门还应参与产品和市场、竞争和发展等战略规划,以及重要合同的签订等决策,参与重要经营活动,跟踪和监控相关税务风险。

具体而言,民营企业税务部门应协同相关职能部门,采取以下措施管理企业的税务风险。

第一,参与制定或审核企业日常经营业务中涉税事项的政策和规范,明确相关的职责和权限,真实、完整地提供和保存有关涉税业务资料。

第二,制定各项涉税会计事务的处理流程,确保对税务事项的会计处理符合相关法律法规。

二、民营企业的投资管理

(一)民营企业投资管理概述

1.投资的概念、分类和意义

(1)投资的概念

投资的目的是获得未来预期收益的回报。企业的投资是指企业为了获得回报而投入的资金。从这个意义上来讲,企业的所有资金的投入都可以称为投资。因为企业任何的资金投入都是为了获得回报。

(2)投资的分类

①按照企业投资对象的不同分类

按照企业投资对象的不同,可以分为生产性资产投资和金融性资产投资。

生产性资产投资是指对企业生产经营活动进行的投资。比如,企业对生产线的投资,厂房设备的扩建、改建、更新,现有产品的改造等方面的支出,都属于生产性资产投资。这些投资是企业进行生产经营活动所必需的,而且通常是在企业的内部进行的,投资后形成的资产仍然被企业所控制,只是企业的一种资产变成了另一种资产,因此这种投资又叫作直接投资。

金融性资产投资最典型的是债券和股权的投资。企业购买债券、股票,对其他企业进行投资入股,都是把自己的资金交给其他企业,其他企业用这部分资金去购买设备等进行直接投资。企业对投入的资金已经失去了控制权,因此这种投资又叫作间接投资,一般也称之为证券投资。

②按照企业投资影响的期限不同分类

按照企业投资影响的期限不同,可以分为短期投资和长期投资。

短期投资是指对企业生产经营造成的影响不超过一年的投资。比如,对企业购买材料、国债进行的投资属于短期投资。

长期投资是指对企业生产经营造成的影响超过一年的投资。比如,扩建厂房的投资属于长期投资。

在财务管理上,通常把企业的短期投资划归于流动资金周转的范畴,因此本章所要讨论的民营企业投资管理与决策一般针对的是企业的长期投资。

(3)投资的意义

投资是企业生产经营活动和财务管理活动的核心之一,它极大地影响着企业的生存、发展和获利。具体而言,投资具有以下几方面的重要意义。

①投资是企业维持简单再生产的前提条件

在企业生产经营过程中,随着存货的耗竭,必须不断补进;为了防止企业停工待料或产品脱销,必须置备一定的存货;随着固定资产的磨损或技术不断发展进步,必须重置固定资产。总之,企业要维持简单再生产,就必须不断进行短期和长期投资。

②投资是企业筹资的目的

虽然不筹资,企业就缺乏资金用于投资活动,但是如果不需要投资也就没有必要进行筹资,并且企业投资所需要的资金数量决定着筹资的数量,企业投入资金的时间决定着筹资的时间。

③投资是企业利润分配的前提

如果企业不投资,就不可能获得投资报酬,也不会有利润的分配,并且股利分配必须考虑企业的投资需要。如果有较好的投资机会,企业首先考虑的是内部筹资,也就是通过当期少向股东分配利润,而将内部积累的资金用于再投资。如果当前没有很好的投资机会,则企业倾向于向股东多分配利润。

④投资是企业进行扩大再生产的必要手段

企业要提高自身的素质,在激烈的市场竞争中占据优势地位,就必须扩大再生产,扩建厂房、购置设备、革新技术,这些活动都需要企业进行大量的投资。

2.民营企业投资决策的基本原则

由于投资管理是科学地研究企业的投资行为的可行性以及投资行为对企业经营活动的影响等,从而帮助企业的经营者进行科学的投资决策,因此加强投资管理就需要科学合理地制定投资决策。在进行投资决策过程中,民营企业应该注意把握以下几个原则。

(1)适合市场的需要

企业的生产经营活动离不开市场。市场的需要决定着企业生产何种产品、企业生产产品的成本、企业产品的规模,因为不被市场需要的产品不能为企业带来回报,以高于市场所能承受的成本生产的产品只能使企业亏损,如果企业的生产规模超过了市场所能容纳的量,企业的经营就会陷入被动。因此,民营企业应进行广泛、深入的市场分析和预测,在选择投资方向、投资规模以及预测企业的生产成本时做到有的放矢。

（2）符合国家的产业政策

企业的发展不可避免地要受到国家产业政策的影响。国家一般会鼓励、扶持发展需求较大，而市场供给又不足的行业。对于那些社会需求逐渐萎缩，或者是因技术落后将要被淘汰的行业，国家将对之进行限制经营。国家的产业政策的设计是经过科学而细致的市场调查和充分而全面的论证的，因此民营企业应该把国家的产业政策作为自己投资决策的指南针。

（3）长远发展性原则

民营企业应着眼于企业的长远发展来进行投资决策。一般而言，民营企业从产品市场到管理模式在不同发展阶段的变化很大，同时企业规模的局限性也在很大程度上限制了企业的抗风险能力，因此民营企业在投资管理上应着重体现发展性。另外，要不断预测、分析未来发展的变化，善于观察新技术和新市场，以开拓新的投资领域。

（二）民营企业投资项目的可行性研究

在对企业生产性投资进行经济收益性评价之前，首先要做的是对投资项目的可行性研究。项目的大小、项目的复杂程度等因素决定着民营企业生产性投资项目的可行性研究的内容和具体程度。一般而言，对于一些重要的、大型的、非常复杂的项目有必要进行初步可行性研究和详细可行性研究两个步骤。

1.初步可行性研究

初步可行性研究的内容主要包括初步判定该投资机会是否具有前途，就已掌握的资料详尽分析、确定该项目是否有必要通过可行性研究；找出影响项目可行的关键因素，决定是否有必要通过职能或辅助研究进行深入调查。

初步可行性研究常常应用于对大型重要项目的研究。因为大型重要项目不仅投资实施的过程费时费力，而且对项目做出较为系统的、明确的、详细的技术上和经济上的论证也是既花时间又费资财的工作。因此,进行这种研究之前,通常要进行初步的可行性研究。如果经过初步的可行性研究就发现投资项目没有可行性,那么就没有必要进行详细可行性研究。

2.详细可行性研究

详细可行性研究,是投资决策的主要依据。它必须为项目的投资提供技术、经济和商业上的依据,进行完整的分析和多方案比较。

一个完善的可行性研究,必须分析一个投资项目的所有基本成分和影响因素。详细可行性研究的内容主要包括:拟建项目生产能力的大小、市场前景如何、厂址选在何处、采用何种原料路线和工艺技术路线、需要多大的投资规模、建设资金如何筹措以及项目在技术上是否可行等。具体来说,一般从以下各个方面进行研究。

(1)市场和生产规模

一般而言,民营企业生产性投资项目主要为了生产产品。无论是为了扩大原有产品的规模,还是为了推出新的产品,都必须考虑生产产品的市场需求的规模。因为企业只有将产品销售出去,才能实现投资的收益。因此,任何生产性投资的可行性研究都要考虑市场规模,从而确定投资项目的生产规模。

市场的规模取决于这个市场领域内的人口数量、需求和满足这种需求所需要的购买力三个因素。只有综合考虑这三个因素才能决定市场的规模和容量,继而组成具有一定规模的市场。如果人口数量很多,但收入很低,则购买力有限;虽然购买力大,但人口很少,也难以形成必要的市场规模;有足够潜力和购买力的市场是上述三个因素的统一。

在确定了市场规模之后,还应该确定企业的生产规模。总体的市场规模以及企业能够占有多大的市场份额决定了企业的生产规模。同时,还要考虑到所采用的工艺、工厂生产能力、生产规划等情况,以确定工厂的生产能力。此外,还要对企业的销售做出规划,并适当考虑到产品定价、推销手段、分销制度和费用,从而确定企业的推销策略。

（2）原材料和设备投入

对于生产性投资而言，原材料和设备投入也是重要因素之一。因为如果不能保障企业的原材料供应，即便市场的前景再好，投资也不会成功。有的民营企业就是因为只看到良好的市场前景，却忽视了原材料的供应情况，造成项目盲目启动，结果因为原材料供应不足，限制企业的生产能力的发挥；或者由于原材料成本大幅度上涨，造成生产成本过高，最终使得投资无法获得预期的收益。因此，在项目的可行性研究阶段，应对原材料以及各项设备投入的需求数量和供应条件进行着重研究，确定其供应的渠道及可靠程度，编制可行的供应规划。

（3）建厂地区和管理费用

对于那些新建工厂性质的投资项目，建厂地区和厂址也是需要考虑的一个重要因素。建厂地区和厂址的选择是否恰当有时也能够决定企业的投资是否可行，因此可行性研究必须为考虑中的工业项目确定适当的建厂地区和厂址。一旦选定了厂址，还必须进行环境影响评价，研究工厂建设和生产对环境的影响。

对于那些新建工厂性质的投资项目，还应该注意合理设置工厂的组织机构，减少企业的管理费用，以便于企业经营和提高劳动生产率。新建工厂的各个部门规模大小、管理人员的多少以及机构体制，应根据生产计划中设计的生产能力加以确定。

（4）建设进度安排

项目建设时期是指从决定投资到开始商业生产的时期，包括谈判、签订合同、项目设计、施工和投产几个阶段。其中，项目的建设周期是一个非常重要的因素，它对企业产品能否及时推向市场起着决定性影响。民营企业在进行生产性投资的可行性研究时应该拟订项目建设的实际进度表，制定项目建设的管理措施，进行技术选择、项目筹资和项目建设的费用估计，充分估计对项目可行性的影响。

(三)民营企业投资项目的经济评价

1.投资项目经济评价的概念和程序

在进行了投资项目的可行性研究之后,就需要对投资项目进行经济评价。投资项目的可行性研究是为了确定企业的投资项目是否可行,即评价可行性;而经济评价是为了确定投资项目是否有利可图,即评价收益性。

一般而言,民营企业的生产性投资的经济评价基本分为以下几个程序。

第一,相关部门提出各种投资方案,如生产部门对生产线的扩建提出投资方案,技术研发部门对新产品的投资提出投资方案。

第二,预测、计算各个投资方案的收入与成本。

第三,计算出各个投资方案的收益指标,根据收益指标的比较,对投资方案做出取舍。

第四,项目投资生产后,对投资项目进行跟踪评价,这将有助于了解以前预测和收益的评价存在哪些偏差,以便在以后的投资经济评价改进预测方法,还可以了解投资项目在实施中的哪些方面出了问题,以便对企业的管理控制加以改进。

2.投资项目经济评价中收益指标的选择

在投资项目的经济评价中,预测并计算投资项目的收益是一项最重要的工作,同时也是一项最困难、最复杂的工作。因为这需要对未来的各种因素进行预测,并估算企业投资项目涉及的各个部分,最后采用一个恰当的指标来计算企业投资项目的收益。

对于企业整体生产经营的收益情况,在财务会计中一般用利润来进行评价,如利润总额、销售利润率等。但是,对投资项目的收益,采用未来的利润来进行经济评价是不合适的,原因如下。

第一,在项目的整个有效年限内,税后净利润总计与不考虑货币时间价值的现金净流量总计是相等的,因此现金净流量可以作为评价投资项目经济效益的指标。

第二，利润在各年的分布受人为因素的影响，而现金流量则不会受这些因素的影响，可以保证评价的客观性。比如，在一个投资项目中，采用直线折旧法时的利润与采用加速折旧法时的利润分布是不同的，但它们却具有相同的营业现金流量。因此，采用现金净流量可以更为客观地对项目进行评价。

第三，采用现金流量有利于对现金的时间价值差异进行科学体现；而利润的计算，并不考虑现金收付的时间，它是根据权责发生制原则计算的。在实际的投资决策中，要同时考虑现金流入量与现金流出量的货币时间价值，这样使得现金流入量和现金流出量真正具有可比性。一般将现金流入量的现值和现金流出量的现值进行比较，从而对方案的优劣进行判断。

第四，一个投资项目是否能维持下去，取决于有没有足够的现金用于各种支付，而不取决于一定期间是否盈利。现金一旦被支出，不管是否被消耗，都不能另作他用。只有当现金收回后，才能用于再投资。因此，在投资决策分析中，更重视分析现金流量。

因此，对经济投资项目的经济评价应该采用投资项目的现金流量来进行，也就是估算企业投资项目需要支出的现金数量和收回的现金数量，然后通过两者的差计算企业投资项目带来的现金的净流入。

3. 投资项目经济评价中的现金流量

(1)现金流量的概念和内容

投资项目经济评价的"现金流量"是指"在投资决策中一个项目引起的企业现金支出和现金收入增加的数量"[①]。

这里的"现金"是广义的现金，它不仅包括企业的库存现金、银行存款和其他货币资金，而且还包括项目需要投入的、企业已

---

①　高树凤：《谈投资项目现金流量的确定》，天津成人高等学校联合学报，2005 年第 6 期。

经拥有的非货币资源的变现价值或重置价值。例如,某一投资项目需要使用原有的厂房,则相关的现金流量是指该厂房的变现价值,而不是其账面价值。

①现金流入量

现金流入量是指投资项目引起的企业现金收入的增加额,一般包括以下三项。

第一,营业现金流入。即投资项目投入使用以后在其寿命期间内由于生产经营所带来的现金净流入量,是现销收入扣除付现成本及税项后的余额。可表述如下。

$$营业现金流入=销售收入-付现成本-所得税$$
$$=销售收入-(销售成本-折旧)-所得税$$
$$=税后净利+折旧$$

第二,投资的固定资产报废时的残值收入或中途变价收入。

第三,投资的固定资产使用期满时收回的垫支的流动资金。

②现金流出量

现金流出量是指投资项目在整个投资或回收过程中引起的企业现金支出的增加额。通常包括以下三项。

第一,固定资产投资支出。

第二,垫支流动资金支出。

第三,该项目投产所相应增加的维护修理支出。

③现金净流量

现金净流量是指投资项目现金流入量和流出量的差额。可表述如下。

现金净流量=现金流入量-现金流出量=各年税后利润总额+各年折旧总额-固定资产投资支出-垫支流动资金支出-维护修理费用支出+固定资产残值回收+回收垫支流动资金

如果投资项目不增加销售收入,但能使企业支付的付现成本减少,则现金净流量可表述如下。

现金净流量=现成本节约额=原付现成本-现付现成本

在确定投资项目的相关现金流量时,应遵循的原则是:只有由于某个投资项目所引起的现金流入增加额与现金流出增加额，才是该项目的现金流入量与现金流出量。否则，应排除在外。

（2）现金流量预测的注意事项

企业在确定投资项目的现金流量时应该注意以下三点。

①与投资决策相关的现金流量应是增量现金流量

所谓增量现金流量，就是指企业采取某个投资方案或者不采取某个投资方案，企业增加或者减少的现金流量。也就是说，只有采用某个投资方案引起的现金支出的增加额，才是此投资方案的现金流出；只有采用某个投资方案引起的现金流入的增加额，才是此投资方案的现金流入。比如，某个企业进行生产线的扩建，其现金流入应该是扩建后引起的销售额的增加额。其中与流动资金有关的现金流出应该是企业因为生产线扩建而引起的流动资金的增加额，这才是该投资方案的现金流出。

②不可忽视机会成本

在选择投资方案时，如果选择了一个投资方案，就必须放弃投资于其他用途的机会。这种用于其他投资机会所能给企业带来的收益是企业选择当前的投资方案的一种代价，这种代价就是机会成本。

有时，企业的投资项目要利用现有的资源，如厂房等。在这种情况下，就应该考虑这些资源是否有明确的其他用途，如有他用，就应计算因此而放弃的现金收入。[①]

③注意区分相关成本和非相关成本

相关成本是指和企业的投资决策有关的、在分析投资方案的现金流量时必须考虑的成本；而非相关成本是指和投资决策无关的、在评价投资方案时不必考虑的成本。比如，企业将自己所有的一台设备投入某个投资项目中，该设备当初的购置成本就是非相关成本，而该设备在投资时的价值就是相关成本。

---

①　张小利：《企业长期投资决策中现金流量的识别》，财务与会计，2001 年第 1 期。

第七章　民营企业选址管理研究

民营企业选址不是一个简简单单的企业行为,其涉及诸多方面的因素。只有充分把握各个因素与民营企业选址之间的关系,才有助于相关政府部门针对民营企业选址面临的两难困境制定相关措施,才有助于做出正确的选址决策。本章就通过对民营企业选址困境和影响因素的分析来认识民营企业的选址。

第一节　民营企业选址的困境

我国的民营企业在改革开放之初,大多产生于中小城市。随着改革开放的深入,民营企业的规模越来越大,实力越来越强,对信息、金融、高级人才等资源要素的需求越来越迫切,于是,一部分民营企业便迁往具有明显区位优势的中心城市。这就出现了新的问题,即民营企业的选址问题。

虽然中心城市在资金、人才、技术、信息等方面具有巨大的优势,极大地吸引着很多出生于中小城市的民营企业,但出生于中小城市的民营企业依然难以做出一个完美的选址决策,因为还面临诸多出走的羁绊。这就使民营企业陷入了一个两难的境地。

一、面临中心城市的巨大诱惑

改革开放以后,大量民营企业犹如破土之竹在中国的很多小城市诞生。当时,由于小城市的优势资源一般会向优势企业集中,因而很多民营企业获得了极好的发展机遇。进入 21 世纪以来,全球化进程加快,市场竞争加剧,中国的大部分民营企业,即使是处于偏远地区、现代化气息很低的中小城市的民营企业,也深深地感受到了全球竞争的压力。当然,全球竞争是一种压力,同时也是一种机遇。很多民营企业正是看到了这种机遇,所以才千方百计地想将自己从特定城市的产业代表转化成区域经济甚至是全球市场上的知名企业。要完成这样的转变,需要更为广阔的市场空间、更为完善的金融服务、更为合理的资源配置和要素组合、更为先进的科学技术、更为畅通的信息网络,而小城市交通不便、经济发展落后、高素质人才缺乏、资金有限、信息闭塞等限制,很难再满足民营企业进一步发展所产生的在人力、物力、财力等方面的种种要求。很显然,在竞争越来越激烈的当今局势下,民营企业诞生地的小城市,已经失去了推动当地民营企业,尤其是优秀民营企业发展的核心优势。

民营企业需要更好的发展环境、更大的发展空间。而区域中心城市正好能够满足民营企业的需求。因为区域中心城市具有非常广阔的市场空间、宽松的融资环境、发达的交通信息网络、丰富的人力资源、高水平的技术创新、专业化的中介服务、有力的政府支持等。这些都使得民营企业面临着巨大的诱惑。

在各种优势条件中,中心城市的融资条件是民营企业最为心动的。中国国有银行的贷款额度是根据行政级别确定的,不同城市所能贷款的上限额度自然也是不同的。在小城市发展的民营企业,随着企业的发展壮大,对资金的需求已经远远超过了中小城市银行的限额。不仅如此,小城市不规范的融资环境更是让民营企业的融资难上加难。而区域中心城市辐射的市场范围广泛,融资渠道多样灵活,融资环境规范,企业自身如果比较优秀,那么就很容易筹集到所需资金。

二、面临迁址的巨大困难

(一)巨大的成本压力

出生于中小城市的民营企业,要在中心城市落址,除了考虑资产和相关设施方面的成本外,还需要考虑重新营造生存和发展所必需的社会资本。由于受到中国传统文化以及现实市场环境的较大影响,民营企业向中心城市搬迁的运营成本即使较高也不会是没限度的,但重新建立社会资本需要付出的关系成本却非常之高,无法衡量。

(二)出生地政府的干扰

民营企业要出走,出生地政府首先是不愿意的。尤其涉及地方政府的政绩和地方税收等许多敏感问题,出生地政府不会轻易放走一个优秀企业。

在当今经济、政治环境下,地方政府官员在审批项目和划拨资源上还有较大的权力,各种商业活动也在很大程度上依赖于行政干预。因此,面对民营企业要搬迁的计划,当地政府会动用一切可以动用的手段,竭尽全力挽留优秀民营企业,如果挽留不成,还有可能会设置种种障碍阻挠民营企业的搬迁。

(三)出生地社会的挽留

企业的去留往往关系着当地民生的兴衰。这主要是指很多优秀的企业会带动当地经济的发展,能够为当地带来很多方面的好处,包括就业方面、税收方面、声誉方面等,同时也能够在当地的基础建设、人民生活等方面起到不小的带动作用。可见,民营企业的搬迁并不是一个简单的企业行为。

如果一个备受当地社会爱戴和人民敬仰的民营企业要搬迁,当地社会和人民必定会极力挽留该企业。

(四)适应过程中的风险

民营企业进驻到具有较大区位优势的中心城市时,往往不再是政府和人民重点关注的对象,必须重新定位自己,依靠自己的努力获得优势资源和市场。那么自己能否顺利获得市场空间、获得政治资源等,得到更好的发展平台显然就成了一个未知数。种种风险也是阻碍民营企业搬迁的重要因素。

第二节 民营企业选址的影响因素

一、政治资源

(一)政治资源的基本认知

政治资源对于民营企业的选址来说,是一个重要的驱动力。因此,民营企业必须看重这一因素。所谓政治资源,就是指政治行为主体在各种政治活动中实现其政治目标与获得政治价值所需要的各种要素。由于有关政治资源主体的研究主要集中在政府与企业两个层面上,因而政治资源通常分政府政治资源和企业政治资源。

根据政治资源的定义,政府政治资源,就是政府这一政治行为主体为实现其政治目标与获取其政治价值所需要的各种要素。它有物质性政治资源和非物质性政治资源之分。物质性政治资源主要指国家和地方政府财政、国有资产、社会物质财富等。在这种类型的政府政治资源中,土地和公共设施是政府影响企业经济活动的重要手段。非物质性政府资源主要包括政府政策、政治体制、政治意识形态、信息、中介服务、政府偏好等。其中,政府政策(产业政策、投融资政策、税收政策、社会保障政策等)是政府影响经济的基本手段。对于企业而言,最想要获取的就是政府政治资源,因为这一资源在企业的经营活动中不可或缺。在我国,企业通过政治过程可以获得的政府资源主要有土地、资金、企业声誉、有利政策、关系资源等。由于中国地域政治发展存在较大的差异,因而不同地方政府所拥有的政治资源是不同的,尤其是在地方对中央政策的影响力、地方政府利用国家政策和制定本地区政策的能力、政治民主化的程度、政治制度化的程度等方面都存在较大的差异。

企业政治资源,是指企业这一政治行为主体在实施政治策略的过程中为提高企业价值所需要的各种资源总和。如果一个民营企业拥有更多的企业政治资源,那么就能够在很大程度上提高自身实施政治策略的能力,大大促进企业绩效水平的提高。根据达昂的观点,企业政治资源可以分为财务资源、专长资源、关系资源、组织资源、声望、公众形象、股东支持和娱乐技能等八类。企业政治资源与企业的其他资源相比,具有以下几个显著特征:第一,复杂性。企业政治资源可以来源于企业内部,也可以来源于企业外部;企业政治资源可以是企业单独拥有,也可以是多个企业集体拥有。第二,价值不容易评估。这不仅体现在难以评估其本身价值,还体现在难以用成本—收益框架评估企业政治资源被使用后所获得的实际或潜在利益。第三,整合性。企业实施政治战略时一般都是通过整合多项不同的政治资源来实施,而不是单独使用一项政治资源。此外,为了赢得市场竞争优势,企业会充分整合政治战略与市场战略,因而政治资源同时服务于政治战略和市场战略。

从上述政府政治资源和企业政治资源的阐释来看,不管是哪种政治资源,在当今社会经济转型的大背景下,都对企业的生存和发展产生着非常重要的影响。那么关于民营企业的选址,政治资源必定是一个重要的影响因素。

(二)政治资源对民营企业选址的影响

1. 政府政治资源对民营企业选址的影响

随着国际竞争的加剧,以及中国经济转型的进一步深入,我国因不同区域制度和经济发展水平的差异而导致出生于小城市的优秀民营企业的选址问题越来越突出。民营企业为了获得持续的竞争优势,常常将获取制度优势和市场优势作为一种重要的方式。由于存在政府的干预,因而制度资源和政策资源就成为民营企业选择生存地址的关键要素。而制度资源和政策资源是政府政治资源的重要组成部分。

政府政治资源能够帮助某一地区创造区位优势。从这一点来看,拥有较多政府政治资源的地区显然就好于没有较多政府政治资源的地区。政府拥有资源的多少受到政府的权力和地位的极大影响。在我国当前的形势下,各级各地政府的权力并不均衡,权力高度集中于首都北京,而且总体上呈现北京高于省会城市,省会城市高于地级城市,地级城市高于县级城市的特点。这种权力的不均衡,致使政府政治资源也存在很大的地方差异。不仅东部、中部和西部三大地带的政治资源分布不均,不同城市之间的政府政治资源分布也不均衡。一般而言,中心城市政府部门拥有更多、更高层次的政治资源,而小城市政府拥有的政治资源相对较少。不过,对民营企业来说,虽然中心城市丰富的政治资源具有强大的吸引力,但出生于小城市的优秀民营企业未必能够利用这些政治资源,而小城市政府的政治资源虽少,却能够为这些优秀的民营企业充分利用。尤其是当小城市政府意识到优秀民营企业对当地经济的重要影响后,给出各种优惠政策,采取各种保护、挽留措施时,民营企业往往更难做出选址决策。由此可见,出生于小城市的民营企业在选址上同时受到中心城市政府和出生地政府的政治资源的影响,必须进行慎重的考虑。

2.企业政治资源对民营企业选址的影响

在关于政治资源创造区位优势的研究中,很多人只是关注到了政府的制度和政策因素对区位优势的影响,却对企业所具有的能对政府政策和制度产生影响以及足以构成与当地政府议价能力的企业政治资源有所忽视。实际上,企业政治资源与政府政治资源一样也有助于创造区位优势。

由于企业政治资源也有助于创造特定的区位优势,那么民营企业的选址也就自然地受到企业政治资源的影响。企业政治资源能够提高企业实施政治策略的能力，以及企业的总体绩效水平，因而企业必须重视企业政治资源的积累。一般来说，民营企业在哪里，就要重点实施对应于企业所在地政府的政治策略，这就对企业政治资源提出了一定的要求。

民营企业拥有政治资源的多少和强弱在一定程度上决定了其能够自如应对哪个层次的政府政策干预，决定了其能够顺利获得哪个层次的政府政治资源。只有当民营企业的企业政治资源与其所在地的政府政治资源相匹配时，才能更好地促进自身的发展。因此，民营企业在选址时，就必须考虑自身所拥有的政治资源水平以及其所形成的实施政治策略的能力，与目的地政府所提供的政治资源是否相匹配，能否顺利获得目的地政府提供的政治资源。当民营企业拥有足够的政治资源去影响目的地政府的政策干预并能够获取最切合企业自身发展的政治资源时，该目的地就是民营企业选址的最佳目的地。

二、洼地效应

（一）"洼地效应"的解析

在经济发展的过程中，人们从"水往低处流"的自然规律引申出了"洼地效应"这样一个新的经济概念。关于这一概念的具体解释，不同的学者有不同的看法。例如，夏飞、胡洪曙认为，"洼地效应"是指某一区域与其他区域相比，在政策、资源、人才、技术等方面拥有明显的优势，因而能够吸引全国各地甚至于国外的资金、技术、人才等流向此地，以促进当地经济和社会的繁荣及发展。金中梁认为，"洼地效应"是指把发达区域的一部分产业转移到欠发达区域的经济运动。也有一些学者认为"洼地效应"特指优秀人才向适宜于创业、居住、生活等地区流动的现象，或是资金流向收益率高的地区的现象。结合诸多学者的观点，"洼地效应"就是资金、人才、技术等资源向有吸引力的地区流动的一种现象。

对于出生于小城市的民营企业而言，"洼地效应"的概念与人们通常研究的"洼地效应"有一定的差别。它是指身处小城市的优秀民营企业有效利用当地各种优势资源，从而在处于区位劣势地区的小城市获得了一种局部区位优势的现象。更为简单地说，与中心城市相比，小城市在商业信息、交通运输、基础设施、高水平人才等方面处于劣势地位，但优秀民营企业充分吸收和利用了这些处于劣势地位资源中最优秀的部分，就形成了"洼地效应"。

（二）"洼地效应"对民营企业选址的影响

一般来说，在一个小城市中，优秀民营企业的数量越少，优秀民营企业的实力越雄厚，当地政府资源及社会资源越丰富，优秀民营企业就越容易形成较大的"洼地效应"。"洼地效应"具有时限性特点。"洼地效应"随着民营企业的发展壮大而出现，当民营企业越来越优秀时，"洼地效应"也越来越大，此时企业所吸纳的资源越来越多。但是，小城市的资源很多时候并不充足，当优秀民营企业的规模越来越大，"洼地效应"达到极限，优秀民营企业想要继续往前就困难了。这时，这些优秀的民营企业就面临着重新选址的问题。如果搬迁到中心城市，那么企业就得放弃"洼地效应"；如果不搬迁，继续留在出生地，就可能停滞不前，落在其他企业的后面，"洼地效应"也会逐渐消失。

优秀民营企业选择留在出生地的小城市，很大一部分原因是受到"洼地效应"吸引力的影响。小城市与中心城市相比虽然处于区位劣势，但优秀民营企业凭借自身在当地的影响力，可以获得"洼地效应"，独享小城市最优秀的资源，并取得一定的竞争优势。总的来说，"洼地效应"的吸引力主要表现在优秀民营企业可以获取以下几个方面的资源优势。

第一，土地资源。小城市土地资源丰富，价格又不高。政府为了优先扶植当地优秀企业的发展，会提出一些用地的优惠政策，因而优秀民营企业可以获取到最便宜又最有价值的土地资源。

第二,水电资源。水电资源是民营企业经营运作的基础保障。小城市的水电资源通常比较丰富,加之其往往会优先和重点保护优秀的民营企业。因此,即使在水电供应紧张的情况下,优秀的民营企业也会获取到当地有力保障的水电资源。

第三,人力资源。受薪资待遇水平的影响,小城市相对来说缺乏高素质的人才,但并不是说没有,一些高校毕业生也会选择返乡就业。而优秀民营企业往往会吸引到这些低成本高素质的人才。

第四,政策资源。小城市地方政府为了扶优扶强,经常会根据当地企业的需要量身定制相应的优惠政策,甚至为了吸引更多的优秀企业落户,会出台税收、产业等方面的优惠政策。

相应的,中心城市的空间和资源有限,土地、水电、能源等资源更是日益紧张,因而这些资源的成本高昂,难以获取;而金融资源、信息资源、教育资源、技术资源、中介服务等优势资源虽然丰富,但面对众多企业的竞争,所以也难以获取。

小城市的优秀民营企业选择在中心城市落址,主要是因为小城市的资源劣势限制了企业的进一步发展。这也是"洼地效应"刚性的排挤。"洼地效应"刚性表现在以下几个方面。

第一,交通不便,交通网络设施差。小城市一个明显的区位劣势,就是地域偏远、交通不便,交通设施落后于中心城市。

第二,资金限制。小城市金融机构层次较低,金融机构规模较小,信贷规模和信贷权限不足,资金获取渠道不畅,金融服务质量差等。这会限制民营企业的资金获取。

第三,高素质人才稀缺。小城市不管在硬环境还是软环境方面都比较落后,这大大制约了人才自身的发展,也难以吸引高素质的人才,因而小城市高素质人才资源严重匮乏。

第四,信息网络不发达。小城市资金规模缺乏,缺乏高技术人才,信息服务水平低,难以形成信息的产业化,因而信息网络不发达,获取信息的成本也较高。

第五,法律制度和市场秩序不规范。小城市的法律法规建设和执行滞后,法制观念薄弱,缺乏完善的监督机制,因而很难为当地民营企业创造良好的法律制度环境。

第六,专业化服务机构缺乏,服务水平低。与中心城市相比,小城市在金融、保险、会展、商贸、中介咨询、公关等诸多服务领域都较为落后。较低的服务水平对民营企业的发展会产生较大的制约作用。

虽然"洼地效应"可以使民营企业充分利用当地各种优势资源,但随着企业规模的进一步扩大和对资源方面要求的提高,"洼地效应"的刚性排挤就会越来越明显。上述提到的这些问题,会严重影响优秀民营企业向更高水平发展。因此,小城市的优秀民营企业要么克服"洼地效应"的刚性排挤留在原址,要么选择在具有丰富人力资本和教育资源、良好交通网络设施、便捷信息网络、良好法律制度环境、专业化服务支撑体系的中心城市落址。

三、产业集聚

(一)产业集聚的概念

产业集聚和产业集群是两个很容易混淆的概念。这里先了解一下产业集群。关于产业集群的研究,20 世纪 30 年代以来就已经出现了,不过并没有提出明确具体的概念。20 世纪 70 年代,国外学者泽曼斯吉斯在经济学领域引进了集群概念,明确提出了产业集群的概念。1990 年,美国经济学家波特教授在《国家竞争优势》一书指出,产业集群是一个有机整体,它至少应该包括三层内涵:第一,与某一产业领域相关,这是基础。第二,其内的企业及其他机构之间具有密切联系,这是关键。第三,其内不仅包括企业,还包括各种商会、协会、银行及中介机构等。这是产业集群的实体构成。由此,波特教授正式提出了产业集群的概念。他认为,产业集群就是指由与某一产业领域相关的相互之间具有密切联系的企业及其他相应机构组成的有机整体。

产业集聚与产业集群有相似的地方,但重点不同。所谓产业集聚,是指同一类产业或不同类产业及其在价值链上相关的、支持企业在一个地区的集中与聚合,以获得规模经济和范围经济并降低成本。从概念上可以看出,产业集群既强调上下游企业之间的分工协作,又强调企业与其他机构包括当地政府之间的竞争合作关系;而产业集聚强调的是产业集中的现象。

总之,产业集聚有助于产生竞争优势。这种竞争优势会影响民营企业的选址决策。

(二)产业集聚对民营企业选址的影响

1.产业集聚为民营企业创造优势

从总体上来看,我国民营企业资本积累不足,投资规模小、等级低,因而民营企业大部分是中小企业。这些民营企业通过聚集于某一地理空间,形成一定的生产经营格局,能够避免单个企业在地理上分散配置资源的浪费行为,达到企业之间资源和信息的互补,增强适应性,提高生存发展的能力。具体而言,产业集聚能够为民营企业创造以下几个方面的优势。

第一,成本优势。聚集于某一地理空间的民营企业往往可以降低信息的收集成本,可以降低合约的谈判成本与执行成本,可以节省流通费用和资金占用费,可以实现大批量购买,降低采购成本,可以节约市场营销成本。由此可见,产业集聚能够为民营企业创造经营成本的优势。

第二,资源优势。这主要表现在以下两个方面:一是各民营企业集聚在某一地理空间能够将有直接联系的物资、技术、人力资源等吸引过来,从而进一步吸引更多的产业,扩大地区的产业规模。二是各民营企业集聚在某一地理空间能够提高资源的利用效率,尤其是资金的利用率。

第三,创新优势。首先,产业集群能够产生创新的激励效应,当各民营企业聚集在一个地理空间时,会产生强大的压力,而这种压力会激励企业加大技术创新的投入,加快技术创新的步伐。其次,由于地理空间接近、经济联系频繁、信息交流便捷,企业之间的知识和技术避免不了扩散,这又会为企业进行技术创新提供较多的学习机会。最后,集群内企业联系紧密,人际关系的信任度会变高,这又容易创新文化环境,形成协作、和谐的产业文化氛围。

第四,竞争优势。产业集聚能够加剧同行业企业间的竞争,这种竞争在给民营企业带来压力的同时,也带来了激励。一个企业的竞争优势不是由企业内部决定的,而是来源于企业之外。区域的竞争优势来源于产业的竞争优势,而产业的竞争优势又与特定区域的产业环境息息相关。产业集聚能够为一个区域创造竞争优势,区域的竞争优势又会传递给企业。所以说,产业集聚能够为民营企业带来竞争优势。

2. 产业集聚的区域竞争优势与民营企业选址

(1)产业集聚的资源优势与民营企业选址

民营企业在一定的地理空间集聚,尤其是形成产业集群时,会吸引相关的物资、技术、人力资源和各种配套服务机构等,继而会吸引更多的相关甚至不同的产业,从而扩大地区产业规模。通过企业资源互补和企业内部分工外化,则可以提高资源的利用效率。综合来看,产业集群发展好的小城镇发展水平高,经济实力雄厚,基础设施完善,人民生活水平高,有较高的发展潜力。因而,民营企业选址时可以考虑这类小城镇。

(2)产业集聚的创新优势与民营企业选址

产业集聚与知识和技术扩散之间存在着相互促进的关系。由于空间接近性和共同的产业文化背景,集聚区内的知识传播与扩散得以加强,不仅显性知识,很多隐性知识也快速流动起来。此外,在产业集聚区内,同类企业较多,竞争的压力促使它们不断学习,不断进行技术创新,以获得竞争优势。集群内领先的企业还会主导产业技术的发展方向,当一项核心技术获得创新性突破的话,集群内其他企业很快会协同创新,相互支持,共同参与技术的进一步创新。

由此看来,在产业集聚的地方开办新的企业要比集聚区以外的地方容易。首先,集聚区内良好的创新环境能够使创业者更容易发现商机;其次,在产业集聚区内,能够很容易地解决设备、技术、投入品和员工等问题;最后,在产业集聚区内,企业家们很容易进行实地考察和面对面交流,因而企业容易获得所需的客户、市场信息,容易学到新的知识,促进创新。毋庸置疑,受到产业集聚区内创新优势的影响,民营企业选址时,会更多地考虑产业集聚的地方。

(3)产业集聚的市场效率优势与民营企业选址

同行业的企业集聚在一起,能够为各种供应商提供稳定的市场,能够为人们提供更多的就业机会和更低的流动风险,能够集聚更多的客商,能够积累和传递大量的市场信息。因此,在这种产业集聚的地方,企业能够更有效率地获得供应商的服务,能够招聘到更符合企业要求的员工,能够获得更多的客源,能够及时得到本行业竞争所需要的信息等。这就是产业集聚的市场效率优势。这种优势也会影响民营企业的选址决策。

四、家族治理模式

在我国,民营企业往往以家族式的治理结构为主。而这种特殊的企业治理结构也是影响民营企业选址的重要因素。

(一)家族治理模式概述

我国民营企业的治理模式主要有两种:一种是家族式治理模式,另一种是现代公司制治理模式。现代公司制治理模式是随着民营企业规模的壮大、市场经济的持续发展出现的。这种模式的产权明晰,有较为完整的组织机构和用人体系,有较为完善的决策机制、激励机制和监督机制。不过,从目前来看,受中国传统文化的影响,加之企业发展史较短、市场体系发育不成熟等,我国民营企业主要采用的是家族式治理模式。

家族式治理模式,是指"企业所有权和经营权没有实现分离,企业与家族合一,企业的主要控制权在家族成员中配置的一种治理模式"①。在这种治理模式下,以血缘、亲缘为纽带的家族成员控制和把持着企业的所有权和经营权。在企业的初创时期,要进行资本的原始积累,家族治理可以说是唯一的一种选择。之所以能够形成这种企业治理模式,主要有以下几个方面的原因。

第一,降低企业初创时期的成本。在企业初创时期,创业者把家庭与企业结合起来,利用血缘和亲缘关系,能够使新创企业较为容易地获得所需的人力、资金及社会关系。这就能够大大降低企业在这些方面所花费的成本。此外,由于家族成员对企业的认同度和忠诚度较高,因而企业内部发生矛盾冲突时,协调较为容易,协调成本相对较低,也不需要引入第三方监督,增加监督成本。

第二,家族成员可信度高。创业者选择经理人员的首要标准就是忠诚,如果经理人能力强但不够诚信,那么容易给企业造成较大的损失,所以,创业者不会贸然选择经理人进入企业内部。家族之内的人员相对来说可信度高,也更容易与创业者形成相同的目标,因此,在经理人才市场不完善的情况下,民营企业的创业者通常都会从家族内部选择经理人。

第三,内部凝聚力强。在企业的初创时期,往往会遇到各种各样的困难,但是在拥有权威的企业家长的领导下,家族成员容易产生较强的凝聚力,从而一步步克服困难,度过企业的艰难起步时期。

第四,安全性高。在市场经济转型的时期内,为了赢得市场的竞争优势,很多民营企业免不了时常突破现有政策制度,采取

---

① 叶广宁:《中国民营企业总部选址研究》,北京:经济科学出版社,2014年,第239页。

一些灵活变通的做法。如果企业内部的管理人员缺乏一定的忠诚度,则企业很容易遭到状告,从而受到政府严格管制的现象。所以,采用家族式治理模式,相对来说较为安全。

(二)家族治理模式对民营企业选址的影响

家族企业治理是内部治理与外部治理共同作用的结果(图7-1)。内部治理主要由家族核心决策者带领家族成员经营企业,外部治理推崇关系治理。与家族核心决策者具有外部"强关系"的主要是政府机构和战略合作伙伴。因此,能够影响家族式民营企业选址决策的治理结构因素主要是家族核心决策者、政府机构和重要的战略合作伙伴。

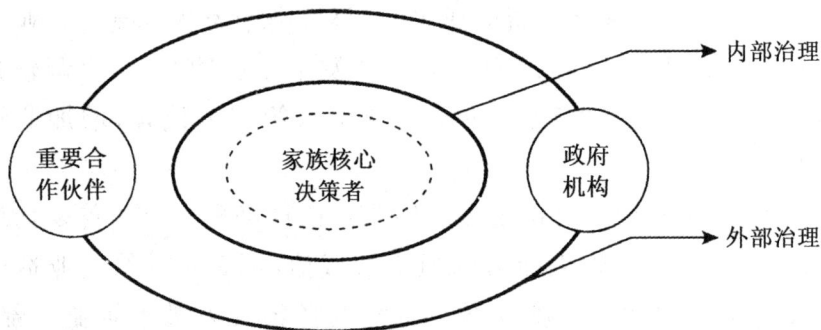

图 7-1

1.家族核心决策者的价值观对民营企业选址的影响

由于民营企业的选址决策通常由核心决策者做出,因而家族核心决策者的意志对企业的选址有着重要的影响。当然,由于肩负着实现家族利益和企业利益的责任,民营企业的家族核心决策者不可能盲目做决定,一般都是在自己丰富的阅历和敏锐的洞察力基础上,谨慎做出决策。

通常来说,在民营企业的选址决策中,家族核心决策者的地方认同意识会起关键作用。如果家族核心决策者对所处地域具有强烈的认同意识,民营企业往往就不会做出民营企业再选址的决策。如果在时间的推移中,家族核心决策者对所处地域的认同度下降,那么出于企业未来的发展,民营企业也可能做出搬迁决定。

2.家族核心决策者与政府机构的"强关系"对民营企业选址的影响

在民营企业的经营与治理中,政府是一个坚决不能忽视的外部力量。政府和企业的关系会通过民营企业治理机制直接影响其选址决策。良好的政企关系主要表现在当地政府对企业的扶持力度上。如果民营企业的核心决策者受到当地政府的关注,能够使民营企业获得重点扶持,那么民营企业会考虑继续留在原址,因为其他地方不一定能获得这样好的待遇。当然,如果民营企业的家族核心决策者不能被政府关注,使得民营企业获得不了重点扶持,就会考虑去另外一个能够获得政府机构扶持的地方。

此外,相对灵活的政企关系也容易使民营企业做出选址决策。因为较灵活的政企关系使民营企业的内部治理和决策机制不会受到过多的政府干预,也善于应付不确定的政治环境,面对当地政府的挽留时更容易谢绝。

3.家族核心决策者与战略合作伙伴的"强关系"对民营企业选址的影响

一般情况下,出于信任度的考虑,民营企业不太愿意与非家族成员发展商业关系。但是,一旦出现值得信任的战略合作伙伴,企业就会非常重视。因此,战略合作伙伴也会影响民营企业的选址决策。

对于很多民营企业而言,很多战略合作伙伴都出现在当地,当家族核心决策者与当地战略合作伙伴的关系越密切时,民营企业就越不会有搬迁的决定。当然,如果当地的战略合作伙伴对企业的发展没有多大作用,或者是战略合作伙伴分布相对分散时,民营企业就不容易受到太大的影响,可能会在其他地方寻找更强大的战略合作伙伴,发展更好的关系。

五、选址惰性

从心理学角度来讲,惰性就是个体受到主观方面的原因而不能按照既定目标行动的一种心理状态。本书这里谈到的惰性与心理学上的概念稍有区别,它是指主体因某种惯性及其他主观方面的原因而不愿或是不能制定某个更理性的目标的状态。依此定义,选址惰性,就是指企业因经营活动的惯性及经营者的主观原因而不愿重新选址的状态。毋庸置疑,这种选址惰性在很大程度上影响着民营企业的选址。

(一)选址惰性的来源

一般来说,选址惰性来源于以下几个因素。

1.企业行为惯性

惯性,即抵制物体运动状态改变的性质。企业在其发展过程中,也会产生惯性,这种惯性会保持企业自身的发展运动范式不变。通常而言,企业若是在之前凭借自己优秀的价值理念、战略计划、运作程序、稳固关系获得了成功的巨大魅力,那么企业所依凭的就会逐渐固化,产生特定的行为惯性。这种行为惯性存在于很多企业中。

对于民营企业而言,重新选址需要面临巨大的环境变化,需要新的战略支持和发展模式,此时,民营企业的行为惯性就会抵制这种改变。所以说,企业行为惯性是选址惰性的一个重要构成因素。

2.决策者的非理性决策

根据行为决策理论的观点,人们在做决策时一般都会受到非理性因素的影响。这些非理性因素主要指知识、能力、信息、心理因素等。决策者在判断与决策时,虽然会尽可能地做到理性决策,但受到这些非理性因素的影响,决策者就很有可能出现系统性偏差,做不到完全理性,甚至还会固执地坚持某种不理性的决策和行为。

对于民营企业的决策者来说,民营企业的出生地一般都是他们的家乡,那么受到家乡情结和家乡认同感的影响,决策者很多时候就不愿意重新选址,这就构成了非理性决策。这种非理性决策也是选址惰性中的重要来源。

3.经营者对不确定性的恐惧

对于不确定的事物,人们没有办法真正把握,因而往往会本能地产生一种恐惧感。在经济学中,不确定性就是指"对于未来的收益和损失等经济状况的分布范围和状态不能确知","不确定性让人恐惧"①。这种对于不确定的东西产生的恐惧感往往让人不敢去做一些冒险性的行为。

民营企业选址关系着企业的生存和发展,会面临巨额的资金需求、信息环境和物流配套重新建设、员工安置等问题,因此,具有巨大的不确定性和冒险性。这种不确定性会使民营企业的经营者本能地抗拒重新选址这一投资行为。因此,对不确定性的恐惧也是选址惰性的重要来源。

(二)选址惰性对民营企业选址的影响

选址惰性对民营企业选址的影响大小与民营企业选址能力和选址意愿有很大的关系。

民营企业的选址能力是指促使民营企业顺利选址所具备的主客观条件。它对选址惰性有重要影响。一般来说,当民营企业的选址能力较弱时,民营企业在重新选址上就没有太大的信心,就会产生较大的选址惰性,从而排斥重新选址。当民营企业的选址能力较强时,民营企业就会有很大的信心进行重新选址,就会

---

① 党国英:《不确定性让人恐惧》,中国新闻周刊,2005 年第 39 期。

降低选址惰性，愿意重新选址。从上述可以看出，民营企业选址惰性与其选址能力呈反比例关系。也就是说，选址能力越强，选址惰性越小；选址能力越弱，选址惰性越强。

民营企业的选址意愿产生于企业对选址惰性与外部吸引力的权衡。选址惰性是衍生于民营企业内部的选址阻力；而外部吸引力是民营企业外部的选址动力。当外部吸引力具有较高价值时，企业就会产生追求外部吸引力的动力。对于民营企业而言，当企业选址惰性大于外部吸引力时，民营企业的选址意愿就会很低，甚至可能没有选址意愿；当外部吸引力大于企业选址惰性时，民营企业就会产生选址意愿。

六、区位黏性

区位黏性是空间经济学提出的一个概念。对于民营企业而言，区位黏性就是指民营企业本来的地址对其所具有的黏着力。较强的黏着力会使民营企业很难离开或脱离原址。

（一）区位黏性的构成因素

区位黏性是在多种因素的相互作用下产生的，这些因素主要包括以下几个方面。

1.政治资源优势

政治资源优势往往依赖于政府。民营企业与所在地政府在长期的相处过程中形成了一种合作友好的关系，这种关系能够为民营企业带来各种政策优惠。这种政治资源上的优势会使民营企业难以放弃。

2.社会资源优势

创造成熟、稳定的社会资源也是民营企业塑造自身竞争优势的重要内容。社会资源既指人力、物力、财力等有形的资源，也指技术、知识、社会关系等无形资源。民营企业在某个地域长期的发展过程中往往已经积累起来了一定的社会资源。所以,社会资源优势也能构成区位黏性。

3. 洼地效应

洼地效应能够使民营企业享受当地最优秀的市场资源、人力资源、社会基础设施资源以及当地最好的金融服务等,为企业提供了在其他地方难以获得的竞争优势。因此,洼地效应构成的区位黏性也会使民营企业对当地难以割舍。

4. 产业集聚效应

产业集聚效应能够为民营企业带来资源优势、创新优势、市场效率优势、区域与品牌优势等,能够为处于该区域中的民营企业提供良好的发展机遇,塑造良好的发展路径。因此,产业集聚效应构成的区位黏性也深深地影响着民营企业的选址。

5. 具有地域关联性的商业模式

民营企业在出生地的发展历程决定了它们的商业模式具有地域关联性。而具有地域关联性的商业模式会使民营企业的经营与特定的区域紧密相连,企业的发展离不开该地域,该地域的经济发展也受益于企业的发展。这就形成了一定的区位黏性。当民营企业的商业模式的地域关联性越强时,民营企业就越难做出重新选址的决策。

(二)区位黏性对民营企业选址的影响

区位黏性对民营企业选址的影响大小,同样与民营企业的选址能力和选址意愿相关。

区位黏性属于民营企业总部选址决策的外在阻力因素。一般来说,民营企业只有挣脱区位黏性,才能做出选址决策。然而,民营企业选址不是一个简单的企业行为,其会面临信息不对称、经营稳定性受影响和高昂的经济成本等风险。民营企业只有具备较高的选址能力,才能坦然面对一切风险,实现选址决策。

选址能力主要包括信息获取和分析处理能力、决策能力、经济能力、危机处理能力和风险承受能力等。通常情况下,只有选址能力足够强时,民营企业才可能挣脱区位黏性,进行重新选址。如果民营企业没有选址能力或是选址能力不强,那么其就无法挣脱区位黏性,也就难以实现选址决策。

除选址能力外,民营企业选址意愿的强弱也受原址区位黏性的影响。当企业原址的区位黏性较小时,外部的冲击力(如中心城市的区位优势)就比较容易破坏企业原址与企业间的黏性,从而使民营企业产生选址意愿。反之,当区位黏性强度较大时,外部的冲击力就难以破坏企业原址与企业之间的黏性,民营企业就不愿意重新选址。

第八章　民营企业跨国经营管理研究

随着经济的发展,世界各国逐渐融为一体,各国企业不得不加入到跨国运营的行列中去。我国的民营企业面对大的发展趋势,也必须要"走出去"。改革开放之后,我国的民营企业也经历了多年的探索,取得了辉煌的成果,积累了不少值得借鉴的经验。下面本章就对我国民营企业发展过程中选择的运营方式与模式、战略路径等内容作出详细的阐释。

第一节　民营企业跨国运营方式与模式的选择

一、民营企业跨国运营方式的选择

民营企业的跨国运营运作体系本身包含的内容就十分复杂,为了适应不同环境下的政治、经济、文化环境和法律制度、社会习惯,民营企业的运作方式也随之发生调整和改变。国际环境的不断变化促进了跨国运营运作方式的推陈出新。由运作方式组成的跨国运营运作体系也在不断变化、不断丰富。

(一)民营企业跨国运营的目标

民营企业跨国运营的运作体系就是指民营企业在跨国运营的过程中所采用的各种方式方法的集合。所有的方法都不是独立存在的,它们之间多多少少存在着这样或者是那样的联系。联系的情况主要包括两种,即横向联系和纵向联系;横向联系,是指两种或多种方法同时使用,共同完成企业的跨国运营在不同地区的目标;纵向联系,是指根据企业跨国运营阶段理论,在不同的运营过程中采取的方法不同。每一种联系对应的发展时期不相同,一般来说,在民营企业发展的初始阶段,都会使用单一的联系,而在发展期与成熟期会使用更多的联系方式。也就是说,不同发展阶段采用的联系手段是不同的。

根据目前有关学者的研究情况,本书将民营企业进行跨国运营的目标归纳为以下几个方面。

1. 提升企业的跨国运营运作水平

通过不同方式的国际运作(包括引进高级管理人才,先进管理经验等),使企业的跨国运营水平不断提高。对于民营企业特别是发展中国家的民营企业来说,要想达到全球化一体化的水平,就必须要努力适应不断变化发展的国际环境、掌握国际运营方法、遵循国际运作规律。

2. 获得广阔的国际市场

只依靠一个国家的市场容量,必定不会有深藏的潜力。充分利用国际市场,开辟新的获利区域,才是民营企业发展的重要保证。在市场竞争激烈的今天,获得广阔的市场空间尤为重要。开发国际市场的方式主要是进行加工出口贸易、到海外投资设厂等方式。

3. 利用国际市场中的闲散资本

当一个民营企业具有较好的市场前景,广阔的发展空间时,受到国内资本总量的限制,往往有强烈的到国际市场上进行资本运作的要求。从我国发展的实际情况来看,境内的资本数量也是有一定的限制的,闲散资本的数量根本不足以满足民营企业发展的要求,因此,它们希望自己通过跨国运作满足扩大资本的需求。但是受到各种政策和金融市场发展水平等原因的限制,国内企业的需求很难得到满足。实现该目标的方式主要有到国际金融市场融资（上市）和进行兼并等。

以上的三个目标需要民营企业分阶段实现,包括产品运作阶段、市场运作阶段、资本运作阶段。从企业的发展理论来说,三个目标从层次上来讲是逐渐升高的关系(图8-1)。

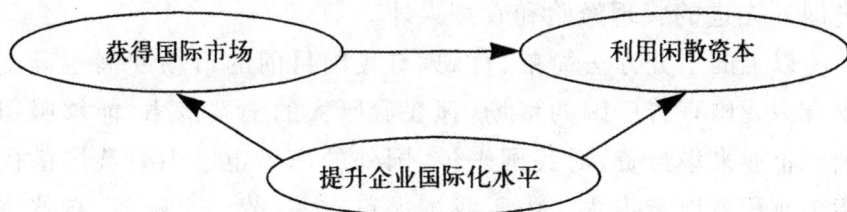

图 8-1

从上述三个目标蕴含的理论关系以及发展的层次关系中,我们对民营企业的跨国运营体系重新进行了分类。按照民营企业跨国运营的地域性主要分为两个方面。

第一,民营企业跨国运营境外运作。民营企业跨国运营的主要形式就是境外运作。它是指民营企业走出国门到国外去寻找商业机会、投资设厂、融资上市。在这一形式当中,民营企业需要实现上述的三个目标。通过跨国运营活动,使企业获得更多的市场、技术、经验和机会。跨国运营的境外运作主要包括境外资本运作和境外非资本运作两个方面。

境外资本运作是指民营企业选择金融、法律制度较为完善的国家,通过上市、兼并的手段实现跨国运营的方式。采用这种方式运营的民营企业,通常都是把目光转向了更为发达的国家。这种方式有利于民营企业吸收发达国家充足的资金流,学习发达国家先进的技术经验;对于发达国家而言,也有利于满足发达国家过量资本获利的要求。

相对境外资本运作,境外非资本运作的模式相对简单,它对投资者没有太高的门槛。一般来讲,民营企业需要对资金投向国家的市场环境和经济环境进行充分的了解,东道国应该具备相当大的市场潜力,能够提供充足的资源和劳动力。

第二,民营企业跨国运营境内运作。境内运作是指在民营企业所在国本地进行的涉及提升本企业跨国运营水平的活动,包括生产、销售、经营管理等方面,主要对应于上述目标的最低层次和第二层次。境内运作的内容主要包括以下几个方面:引进外资;在境内设立出口贸易公司;得到代理权;被国外公司兼并;引进国外先进的管理经验和管理人才。

以上的划分方法简单、直观,与我国目前的市场发展也高度吻合。我国有着广阔的市场,存在着巨大的消费潜力,能够吸引国外企业来华投资,对我国来说,国外的市场也吸引着我国的民营企业积极地走出去。由于我国人口众多、劳动力密集,自然资源的成本较低,故而我国大部分的工业企业生产出的产品价格也相对较低,为国外企业来华提供了良好的资源基础。目前我国的金融和法律环境不能保证民营企业获得足够的发展机会,民营企业有到国外进行资本运作的要求。此外,由于我国市场经济起步晚,企业的管理经验不足,企业的经营管理水平还远远落后于国外先进的发达国家,所以国内企业特别是民营企业有着强烈的引进科学管理、提升企业跨国运营水平的要求。这种划分方法,体现了我国民营企业跨国运作的要求。

(二)民营企业跨国运营的运作方式

1.境外非资本运作

在跨国运营模式当中,境外非资本运作相对简单,具体来说,主要包括以下两种。

(1)境外贸易

在开展贸易的过程中,通过与东道国客户、厂商和市场的接触,可以及时得到当地市场的反馈。同时,贸易公司作为本公司在当地的代表,全权负责产品在国外销售的一切问题,便于提供更好的服务。这种运作方式的缺点就是它的成本要比在国内运作高出很多。这就需要公司对国外的市场环境进行充足的了解,否则,境外的贸易活动很难取得成功,难以达到推广公司产品,开拓海外市场的目的。除了在境外开设贸易公司之外,还可以在海外设立仓库、建立连锁企业和设立专业市场等。建立专业市场,可以由政府或企业带头组织。这种方式有助于民营企业在海外寻找到更为宽阔的市场,帮助他们吸引到更多的合作伙伴,是一种更为主动的跨国运营贸易方式。例如,我国浙江省在境外大力建设专业市场。目前,浙江省已在巴西、俄罗斯、南非、阿联酋等国家和地区设立了 9 个商品市场,直接为本省和附近省市的民营企业提供了国际运营的机会,带动了外销。

但是,需要注意的是,国际市场是不断变化的,国际贸易的形式也不可能一成不变,它需要跟随着国际市场的变化而变化。在当今的国际贸易发展中,仍然存在着阻碍贸易发展的壁垒,国际贸易保护主义依然盛行。我们可以采取以下措施来应对。

第一,到国外投资设厂,将跨国贸易的对象当地化,减少企业出口受国际形势变化的影响,将跨国运营运作发展到较高层次。

第二,争取在当地形成销售渠道、客户网络,树立企业产品形象。

第三,确立"市场多元化"战略,按区域设立分公司,如北美分公司、欧洲分公司等,实施出口市场的多元化策略。

(2)境外设厂投资

境外设厂投资的方式有助于企业在生产的过程中充分利用当地的自然资源,开辟当地的市场。

对于民营企业来说,它的发展常常受到众多因素的影响,包括技术、资金、人才、市场渠道等,这就要求采用灵活多变的经营方式,争取在复杂多变的国际环境中争得有利的市场条件。民营企业在境外投资设厂需要把充分的市场调查、合理分配资源和使用资源结合起来,抓住机遇,通过跨国投资开拓国际市场。

有些民营企业的目标是开拓国际市场的商品和服务,为了实现这一目标,它们在海外进行跨国投资。它们通常以传统商品和服务的出口市场为基础,辐射周边国家和地区市场。目前我国在拉美、南非和亚洲部分国家投资的民营企业即属于此类。此类民营企业的直接目的就是巩固产品的国际市场,所以这类企业一般都是在国内生产零部件,在海外进行组装和精加工,或者直接为客户提供服务。

民营企业的海外运营投资在亚非拉发展中国家比较多,其中以工业生产加工项目为主。例如,我国知名的摩托生产商力帆摩托,其已在越南设立了摩托车生产厂,这家工厂将形成年产摩托车20万辆和发动机60万台的生产能力,并逐步实现产品本地化。力帆摩托首选在越南建厂的主要原因是:越南是力帆摩托的出口大国,力帆摩托在越南的品牌推广力度、营销投入都非常大,在越南也有很高的品牌认知度。越南的摩托车需求量非常大,年销量可以达到160万到180万台。在政策限制进口的情况下,要占领越南巨大的市场,非常有必要在越南建自己的厂。力帆在越南建厂可以把以前积累的无形资产保持下去,从而保持自己的品牌优势。

2. 境外资本运作

民营企业在境外进行资本运作的主要方式为:在境外上市和兼并、收购境外企业。

(1)境外上市

境外上市对企业而言有相当多的好处。许多企业境外上市的直接目的就是可以筹集境外的资金。同时,境外上市可以获得相对宽松的融资政策,帮助企业管理水平得到有效的提高。同时还可以提高企业在海外的知名度:海内外金融界和财经媒体会时时关注企业,企业有机会结交更多的国际业务伙伴。可以看出,海外上市不失为民营企业发展的一条好的道路。

中国企业到境外从事资本运作,不仅是因为境外有广阔的市场,宽松的金融环境,而且也是因为我国金融市场体制不健全造成的。这就使得越来越多的科技型、有发展潜力的企业到海外去寻求市场,因此掀起了一股民营企业到海外上市的潮流。

　　民营企业在海外上市,事实上也面临着一系列的困难和压力,除了要面临巨大的市场压力和高昂的成本费用之外,还要考虑未来企业成长的需要。企业在海外运作,需要一个庞大的资金实体来支撑,如果企业没有一定的经济实力,海外资本运作未必会为它带来契机。"据统计,中国企业在美国 IPO 的平均成本达15％,如此高的成本让许多已实现境外上市的企业也为此付出过多,而且每年还有一笔不菲的年费及上市的维护费用。"另外,由地域差异导致的沟通交流问题使得国际投资者对中国企业也都相当挑剔。这也提高了民营企业到境外上市的门槛。

　　国内企业境外上市的途径主要包括两种,即直接上市与间接上市。直接上市即直接以国内公司的名义向国外证券主管部门申请上市,并发行股票(或其他衍生金融工具),在当地证券交易所挂牌上市交易。海外直接上市通常都是采用 IPO 方式进行。IPO 的好处主要包括以下三个方面。

　　第一,公司股价的水平较高。

　　第二,公司的股票发行范围较广。

　　第三,公司具备良好的声誉。

　　所以从公司长远的发展角度来看,境外直接上市应该是国内企业海外上市的主要方式。

　　间接上市即国内企业境外注册公司,境外公司以收购、股权置换等方式取得国内资产的控股权,然后将境外公司拿到境外交易所上市。间接上市主要有两种形式:买壳上市和造壳上市。其本质都是通过将国内资产注入壳公司的方式,达到国内资产上市的目的,壳公司可以是已上市公司,也可以是拟上市公司。由于直接上市耗费的时间长、成本高昂,程序复杂,所以许多企业都愿意采用这种方式在海外上市。例如,2002 年 10 月 7 日,金义集团与新加坡上市公司电子体育世界签约,后者以每股约 0.42 元定向发售 1.347 亿股新股。金义则将下属杭州金义食品饮料有限公司的所有资产和业务(包括商标和专利权)注入电子体育世界,价值约 5500 万元人民币。金义集团总经理陈金义持有 31.54％

股权而享有控股权。通过一系列资本运作,金义集团在新加坡上市,开创了内地民营企业在海外买壳上市的先河。

（2）兼并、收购境外企业

跨国并购是企业在全球市场范围内进行成本扩张,抢占市场份额的主要手段之一。中国许多民营企业的发展也离不开跨国并购,可以说,企业要想不断的生存、壮大,跨国并购一定是必经之路,只有这样,才能在激烈的国际竞争中立于不败之地。

从国际和国内现有的经验来看,民营企业海外并购的好处主要有以下几点。

第一,可以为企业注入新的资金,成为企业资金来源的渠道。

第二,可以促进企业的技术升级和转化。

第三,可以扩大市场占有份额,分散企业经营风险。

第四,可以加强对企业人才的培养。

第五,可以促使民营企业更有效地参与国际分工。

我国民营企业已经开始尝试走上国际舞台,进行跨国兼并。京东方公司在 2002 年末的公告中称,该公司正在收购韩国 HY-NIX 半导体株式会社（HYNIX）所属韩国现代显示技术株式会社（HYDIS）的 TFT-LCD 业务,收购价格约为 3.8 亿美元。如此大金额的海外收购行为,在国内上市公司中尚不多见。根据双方签署的备忘录,京东方将设立海外子公司,由海外子公司收购 HY-NIX、HYDIS 用于 TFT-LCD 业务的全部资产,收购价格和该公司设立海外子公司资本金之间的差额,将由海外子公司通过海外融资解决。对于此次收购的影响,公告称:如此次收购实施成功,京东方将直接跨入 TFT-LCD（薄膜晶体管液晶显示器件）产业,以较合理的费用从源头获得所需 TFT-LCD 成套技术,并稳步提升京东方在显示领域的核心竞争力,每年公司主营业务将新增 50 亿元以上,效益十分显著。该公司将依托获得的 TFT-LCD 核心技术和市场,在国内继续发展 TFT-LCD 产业。此次收购的实施,将为 TFT-LCD 产业战略的实施奠定坚实的基础。

3.境内国际化运作

（1）境内设立出口贸易公司

企业国际化运作的第一步就是在境内设立出口贸易公司，参与出口加工活动。此时，企业承担的风险很小，且国际化的运作具有较强的可行性。改革开放以后，我国经济进入了快速发展的时期，培育了大量的民营企业。它们利用我国劳动力密集的特点，采用灵活多变的经营策略，加上我国资源丰富，生产成本较低，形成了一批有国际竞争力的产品。此外，随着科学技术的发展，我国技术型企业的发展越来越强，它们有更多的实力参与国际市场。这二者是我国民营企业在境内进行出口贸易活动的内部条件。同时，由于跨国公司推行全球运营战略，需要利用我国的廉价劳动力，降低生产成本。这主要表现在跨国公司对生产区位的选择上。这就为我国民营企业开展对外加工出口提供了良好的外部条件。

在国内设立出口贸易公司，企业可以充分利用本国的社会资源，并且在熟悉的制度环境中不断向前发展。这对于刚发展起来且资本实力较弱的企业较为适用。此外，专业性较强的公司（比如：某一专业领域的高新技术公司）也可以选择设立国内出口贸易公司，这是因为其产品的消费群体比较固定，对海外市场的开拓并没有太大的压力，因此选择在境内设立贸易公司是一种低成本高效率的运作方式。

（2）引进外资

引进外资，是指民营企业挖掘自身潜力，通过向外资提供合作项目寻找共同发展的机会。它是建立在企业自身发展特点基础之上的一种形式，以寻求双方的最佳合作。对于企业来说，这种方式更具有主动性、更有利于促进企业自身国际化运作水平的提高。

民营企业在进行吸引外资活动的过程中，要结合自身特点着重把握以下几个方面的运作。

第一,重点利用外资中的直接投资。同时还要不断拓宽外资中间接投资的渠道,充分利用外国政府贷款、国际金融组织贷款、国际商业信贷和其他形式的外资投入等。

第二,民营企业应该注重自身的修炼和提高,以吸引更多外商的资金投入。具体来说,主要的措施包括两点:一是调整公司的现有结构,要注重提高现有企业的管理水平;二是要努力提高产品的质量和科技含量。科学透明的管理、领先的技术是民营企业吸引外商注意的关键。

第三,民营企业要结合自身发展的实际情况以及企业的区位特点引进外资,并要逐步地提高引资的技术层次。

(3)被国外公司并购

在企业的国际化运作当中,民营企业被国外公司兼并是常见的一种方式,当然这种方式存在的前提是民营企业经过兼并后仍能基本保持原有的发展潜力和公司特点,如果兼并之后成为跨国公司的一个附属机构,那么跨国运营的意义也就失去了。

在经济全球化、新科技革命不断发展的时代背景下,市场竞争越来越激烈,技术产品更新换代的周期越来越短,各国的经济自由化步伐加大,国际生产的性质因此发生巨大变化。信息技术的发展以及不断降低的运输成本使得跨国公司有更多的能力去对全球的资源进行整合,世界各国因此而成为紧密联系的生产体系。随着我国加入 WTO,国内市场投资环境的改善,我国的投资收益明显高于一些发达国家,这就使得越来越多的外资涌入中国。外商投资除了在传统的石化、电信等国家垄断性行业,同时由于我国民营企业发展的势头越来越好,国外投资者对民营企业的投资活动也成为一个新热点。

外商投资对于我国企业的发展具有重要的意义,一方面它可以为企业的发展提供资金,另一方面也可以把国外先进的技术经验、优秀的管理人才吸引过来,有效地推动企业机制的转变。但是由于国际资本的进入,民营企业的发展方向和话语权也会受到极大影响。如何在外资介入之后保证企业正常、健全的发展是必须考虑的问题。

面对外资并购中出现的一些新情况和新特点,民营企业需要做好以下几个方面的经营措施。

第一,在拥有资源和市场优势的领域,应当有条件地合作。

在有些领域,外方投资的意图非常明显,就是要掌握企业的控股权,只有这样,才能实现公司整体的发展战略。但我们有自己的优势,如广阔的市场、有潜力的增长前景、资源及人员领域方面的优势等,我们应该在自身优势的基础上,与外方有条件地合作,谈判中股权设置条款对未来企业的发展十分重要。

第二,多方引进,实现引进外资资金来源上的多元化。

从外资并购的众多案例中来看,外方在谈判中获胜的可能性相当大,这与国内企业的应对策略比较弱有很大的关系。因而我们在与外方谈判中要注意在引资过程中引进竞争机制,引导外资之间展开竞争。

总之,外商投资对民营企业自身的成长以及国际化水平的提高具有重要的意义。

二、民营企业跨国运营的典型模式

跨国公司在国际上成功运营的案例数不胜数,如宝洁、可口可乐、通用电气等,那么是不是民营企业照抄照搬它们的运营模式就能获得同样傲人的成绩呢? 答案未必是肯定的。我国的民营企业和国外的一些企业相比,无论是在技术上还是在管理上都与它们相差好大一截。在我国民营企业跨国运营初期阶段如果不能根据自己的实际情况而随意模仿国外企业的发展模式,最终的结果肯定是失败的。那么是不是不从事跨国运营就可以没事呢? 当然也不是。正如 TCL 的李东生所言:"现在我们进行跨国运营确实风险很大,和三星、索尼这样的公司比起来,我们的实力确实很弱,但是如果等到我们的实力和它们差不多的时候再去跨国运营,那恐怕是没有机会了。"所以我们的跨国运营道路一定要走,关键是找出适合我国民营企业实际情况的跨国运营运作模式。

我国民营企业经过这几年的不断努力,在跨国运作的模式上基本上已经取得了较大的成就,如海尔、TCL等。它们在长期的运作探索中,积累了大量的经验,其运作模式也更符合我们的实际情况,值得借鉴。具体来说,主要包括以下三种模式类型。

(一)海尔模式

我国是劳动密集型的国家,因而劳动力的成本很低,之后,中国又加入了世贸组织,使得美国、日本等国的企业纷纷将制造中心搬到了中国,中国也就成了"世界制造中心"。在这种背景下,海尔公司还是选择了走出去的战略,而且走得与众不同(图8-2)。

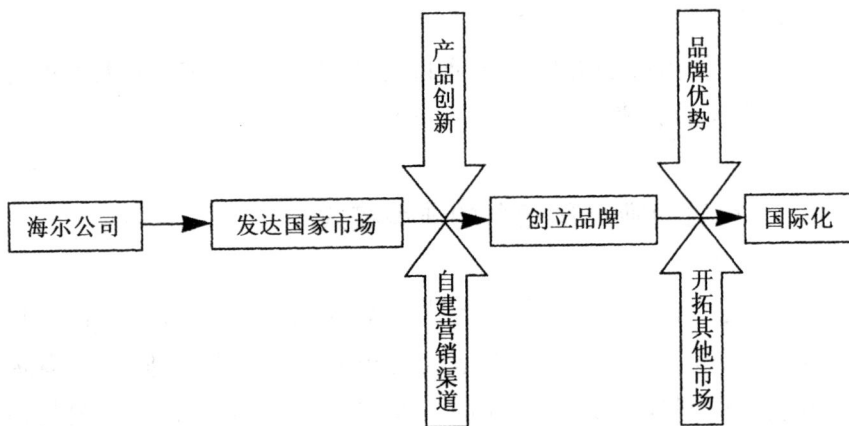

图 8-2

从图中我们可以看出,海尔跨国运营首先选择的是发达国家,那里虽然市场广阔,但是却面临着相当残酷的竞争,消费者对产品的要求越高,那么跨国产品在那里占据一席之地的难度就越大。但是机遇与挑战并存,挑战越大,机会也就越多。如果跨国公司的产品能在发达国家站稳脚跟,就可以获得一个较为广阔的市场,就能够树立一个世界品牌。海尔在美国、欧洲等国家设立工厂,建立了生产基地,构建了自己的营销网络。这样做的一个重要目的就是打造自己的品牌,使"海尔"品牌成为世界知名品牌,在国际上创造影响力。海尔依靠自己的高密度消费者调查,凭借自己的雄厚科研实力,设计出了一个又一个深得消费者喜爱的产品;依靠自己产品的质量和高水平的客户服务,博得了众多经销商的青睐,成功地走上了沃尔玛等商家的柜台,这样海尔就在这个市场上树立起了自己的品牌。说起来容易,做起来难,要想在欧洲、美国这样发达的地区创立品牌谈何容易,除非企业的优势比较大。但是之后就可以凭借着这个品牌比较轻松地到其他国家去开拓市场了,逐步实现自己的跨国运营梦想。现在海尔公司已经凭借着这个运作模式在美国、巴基斯坦建立了两个工业园,在欧洲、北美、南美等地建立了 13 个生产基地。

(二)TCL 模式

中国彩电业的龙头企业 TCL 公司也是跨国运营的一个典范。TCL 模式和海尔模式有相同之处,但是也有很大不同。从TCL 模式图(图 8-3)中我们可以看出,该公司在选择跨国目的地的时候,并没有把目光对准发达国家,而是发展中国家市场。1999 年初,TCL 集团经过三个多月的市场调研和分析论证,首先把投资的目光锁定在了经济并不怎么发达的越南,在越南的市场占有率达到 12%,仅次于日本的索尼公司,这样看来,TCL 的首选更加容易一些。很快,TCL 就在越南站稳了脚跟,有了一定的影响力,然后趁势向周边发展中国家进军,逐渐在菲律宾、印度尼西亚、马来西亚等东盟国家建立了生产基地,抢占市场,但是在这段时间内使用的品牌仍然是自有的。按照模式的发展要求,下一步就要向发达国家市场前进了。

(三)浙江模式

浙江是中国民营企业的集散地,在那里聚集着大大小小的民营企业,虽然它们的存在方式比较特殊,但是它们却在国内市场上取得了相当耀眼的成绩,而且凭借着它走向了世界,这就是企

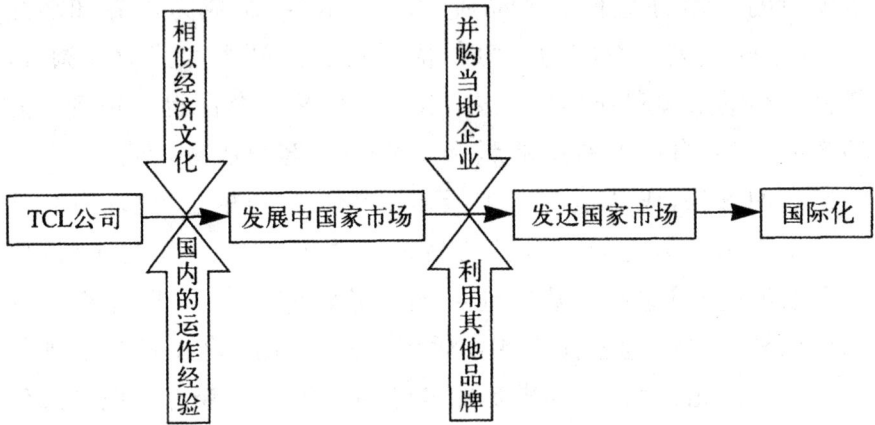

图 8-3

业集群模式。所谓的企业集群就是一些独立而又相互关联的企业依据专业化和协作建立起来的组织，这种组织结构介于纯市场和层级两种组织之间，它比组织稳定，比层级更灵活。集群中的企业大体分为制造类企业集群和商贸类企业集群，它们以一种互补关系连接着，具有不在集群内的企业所没有的竞争优势。2001年，产值在 10 亿元到 50 亿元的企业集群有 91 个，50 亿元到 100 亿元的集群有 13 个，超过 100 亿的有 4 个。另外，还有年成交额超过亿元的商贸企业集群(专业市场)286 个。所有这些生产型集群和商贸型集群就是构成颇具特色的"浙江模式"的基本单元。

如图 8-4 所示，模式中的两类不同性质的集群具有相互协同的功能，专营贸易的企业集群即专业市场为有单体规模经济的制造业企业提供了一个可供共享的销售网络，降低了单个企业的交易成本，会促使它们市场范围的扩张，使制造类企业集群的分工更加细致，又会促使该集群的规模扩大(进入的门槛降低)，形成规模效应，降低了总成本，具有了竞争优势。由于这些制造类企业生产的产品一般都属于小型商品如打火机、小电器等，原本这些商品的销售是比较分散的，但是那些专营贸易的企业集群将它们都整合在了一起，这就便利了经销商的采购，而且还向采购商和制造商提供最及时、最快捷的市场信息。制造类集群的规模效应明显，加上中国的劳动力成本低廉，所以最终的产品成本是很低的,产品在市场上很具有竞争力,所以外国的采购集团如沃尔玛、家乐福等纷纷来这里采购,企业的跨国运营也就顺利实现了。

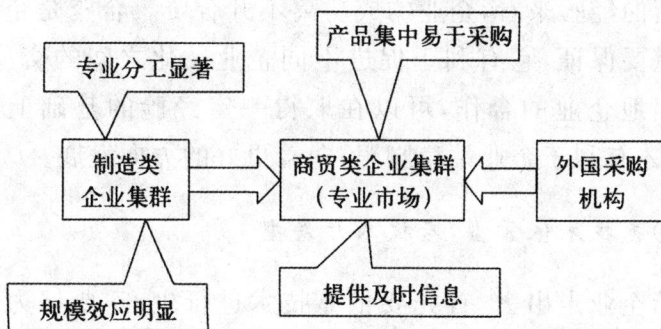

图 8-4

第二节　民营企业的国际化战略路径

民营企业进行跨国运营是其必然的选择,但至于选择什么样的方式还需要慎重的思考。虽然有的民营企业早已走出了国门,实现了跨国运营,但作为一种较为普遍的企业行为,它们大量走出国门还是近几年的事。事实上,跨国运营并不是一件容易的事情,找到符合实际的发展战略非常重要。

一、民营企业国际化战略的基本思路

基本战略思路主要可以从以下几个方面入手。

(一)先贸易,后投资

民营企业可以先在海外经商,以此来了解国外的市场环境,为企业的跨国运营积累丰富的经验,资金条件成熟之后,考虑在海外直接创办企业。

（二）先合资，后独资

企业走出去之后，应该加强与当地企业的合作。从我国企业跨国运营的经验来看，企业的成功离不开合资。合资是企业走向成功的重要保证，它有利于促进不同企业文化之间的交流融合。加强与当地企业的合作，可以在取得一定经验的基础上再搞独资，这样才有利于企业站稳脚跟，向着更好的方向发展。

（三）先技术依靠型，后技术开发型

民营企业走出去，首先要依靠技术进行生产，要努力学习国外先进的技术经验，等自己的技术和资金条件都成熟之后，再着力发展技术型的企业。

（四）先劳动密集型产品的生产，后技术密集型产品的生产

在我国，人口众多，劳动力成本相当低廉。民营企业走出国门，依然将此作为一个优势资源。因此，民营企业要想实现跨国运营，也要充分地利用这一资源。在企业发展的过程中，可以先以劳动密集型产品的生产为主，等资本积累到一定程度，再发展技术密集型产业。

（五）先发展中国家，后发达国家

企业在进行跨国运营的时候，应该先把目光投向发展中国家，然后再把目光转向发达国家，这对我国民营企业来说，是一种不错的选择。从发展的过程来看，也是我国民营企业必须要走的一条道路。如果好高骛远，目光一开始就投向发达国家，那么在各种高要求之下，企业的成本费用必然很高，因此，成功的概率也就必然相对较小。

（六）国际化发展与学习过程同步

经济全球化的过程就是企业在全球范围内不断寻求资源最

佳配置模式的学习过程。因此,民营企业的跨国运营不仅是企业经营范围与对象的简单扩张,更重要的是企业人员逐步提高自身素质、增加对世界的了解和认识的过程,要将学习作为企业国际化成长和发展的基本战略。

二、国际市场的进入战略

民营企业跨国运营的市场是一个由各个国家或地区市场纵横交错在一起的整体。各国或地区在地理位置、经济发展水平、消费水平和习惯及制度等方面差异较大,使得各个市场各具特色、颇为复杂,难以把握。因此,制定和实施正确的国际市场战略,是民营企业跨国运营的首要前提和成功的关键。

民营企业进入国际市场的战略主要可分为贸易型进入战略、合作型进入战略和投资型进入战略三种模式。

(一)贸易型进入战略

出口是民营企业进入国家市场的首选。出口的方式有两种,一种是间接出口,另一种是直接出口。间接出口是指企业初期出口产品时,对出口的国际环境并不熟悉,担心出口过程中的风险超出了自己的承担能力,于是通过国内的中间商出口。企业直接出口是在国外代理商的帮助之下,通过国外的分支机构,直接与客户产生联系,将国内的产品输送出去。中国最常用的方式就是外贸易,目前来看,也是中国企业进入国际市场的战略之一。

(二)合作型进入战略

合作型进入战略又称非股份型、契约型进入战略,是指企业在不涉及企业股权或产权的条件下,以合约的形式转让无形的产品。交易的一方为另一方提供费用,从而获得产品的使用权。无形产品主要是指专利、商业机密、技术诀窍、注册商标、企业信誉等。许可证贸易是合作型进入战略最主要的形式,也是世界市场一个越来越普遍的贸易方式。

（三）投资型进入战略

投资型进入战略指企业进入东道国是采取国际直接投资的方式，以此来降低生产成本，顺利进入当地的市场等。对于我国民营企业而言，这种战略可以通过两种方式来实现，一种是以独资的形式经营，另一种是以合资的形式经营。

我国民营企业的国际竞争实力较弱，在国际市场上并没有太大的份额，再加上国际间的合作交流较少，所以在合作的过程当中往往都采用渐进式进入战略，这种战略具有以下两个方面的优势。

第一，在渐进的过程中可以慢慢积累经验，以此形成对比，发现自己的优势和不足之处。

第二，我国国际经济合作发展的时间并不长，所以在发展的初始阶段适宜采用渐进式战略。

20世纪70年代，日本企业进入欧洲市场的时候采取的就是这一战略，实践表明，企业获得了巨大的成功。但是需要注意的是，各地市场是存在差异性的，企业在进入各地的市场时，需要根据实际情况采取相应的对策。具体来说，可以归纳为以下几点。

1.深度拓展发达国家市场

扩大对发达国家的跨国运营，具有非常重要的现实意义：在那些工业快速发展的国家，其市场环境也具有极大的优越性，它们不仅有良好的投资条件，而且还有相当大的市场潜力。但是进入其市场的难度也相当大。对于我们国家来说，其收益要远远高于付出，从跨国运营当中，我们更多的获得的是先进的技术经验、高水平的管理运作，有效突破发达国家的技术封锁，降低我国生产技术型产品时的生产成本。从目前地区的经济发展情况来看，由于欧盟和北美自由贸易区的实际运作，通过在欧美国家投资办厂，可以有效地绕过区域集团化的各种贸易壁垒，长期稳定地占领区域联盟内的国家市场。

2.首选相邻国家和地区

民营企业在跨国运营的初期,因为自身的经验不足和规模限制,最好是采取从近到远、由熟悉到陌生的原则。对于民营企业来说,选择周围的国家从事跨国运营是最好的选择。这些地区由于地域的相邻性,具有高度相似的文化特征。由于相似的文化背景,跨国经营的产品在这里更容易被接受。周边国家的科技发展水平与欧盟、拉美不同,那里的产品基本呈现的是"单层结构",而周边国家基本呈现"多层结构",互补性和竞争性都很大。就中国周边的国家来说,大多数地区是以劳动密集型产业为主的,产品结构多以电子产品为主,相比较我们国家而言,中端产品的科技含量相对较弱,只有在大型的科技产品当中,我们国家才能够显示出一定的实力和规模。因此,双方完全可以采用区域性的纵向和横向联合的生产方式,实现优势互补,开展投资合作,共同开拓国际市场。

3.积极慎重发展独联体、东欧市场

目前独联体市场、东欧市场的国家秩序还相对比较混乱,与它们合作还存在着较大的风险。所以投资的关键是如何规避风险,这就需要采取一些灵活的方式来进行合作与经营,如目前一些企业所采用的"货对货"方式就值得探讨。在产业选择上,我们应该将目光聚集在对其资源的开发和消费品的加工上,具体来说,主要包括以下几个方面。

第一,利用我国企业在适用消费品技术上的优势,拓展家用电器、服装鞋帽、家具、食品等行业的跨国投资。

第二,加强与地区资源丰富的国家的联系,加强与其长期的规划合作,积极开发我国目前紧张的一些资源,从而在海外建立较为稳定的战略性资源生产供应基地。

对于民营企业来说,一方面要注重"品牌效应",积极提高产

品质量,努力扩大其市场份额;另一方面要根据多数国家的经济发展情况,积极开拓中高档消费品,着力提高产品的档次和质量。

4.努力开拓中东、拉美、非洲市场

中东国家的经济结构由于自身的原因存在着诸多问题,在高收入的前提下,使其进口商品多样化,这样对出口国来说,就可以为其提供不同层次的商品。但是这些国家贸易的独立性极差,严重依附于西方发达国家,这就使得其对外贸易常常会受到西方国家的干扰。因此,我国民营企业要善于观察,能够抓住中东国家与西方国家之间利益的摩擦点,抓住机会开拓属于自己的市场。

拉美的矿产、森林、水力、土地等自然资源相当丰富,我国民营企业可与相关国家合资开发一些短缺的自然资源,以弥补自身的不足。另外,我国一些产品如家用电器、摩托车、金属制品、家用机械类的技术性能和产品质量稳定,在国际市场有较强的竞争力,并且也较适合拉美等发展中国家的市场需求。应充分利用拉美国家对外资需求迫切的心态,加大对该区这类项目的投资,同时也能缓解国内这些行业过度竞争、生产能力过剩、经济效益低的问题。

非洲总体上经济和技术落后,投资环境不佳,我国民营企业在当地可以采取合资办厂的方式,南非、埃及、毛里求斯等一些经济水平相对较高、投资环境较好的国家是可供选择的理想场所。

三、国际资本市场的进入战略

经过二十多年的改革开放,我国民营企业国际化有了长足的发展,但是许多民营企业由于外部融资困难而显出国际化后劲不足。同时,我国民营企业面向国际市场,跨越国界进行融资活动,也是国际化运营的一个重要方面。因此,民营企业应该在全球范围内按照融资成本最低、运营风险最小、公司整体财务结构最佳这三个原则权衡各类可利用的资金来源,从中选择最佳的资金组合。

需要特别指出的是,出于规避风险的考虑,中国政府对资本项目下的对外投资还在进行严格管制(具体表现为外汇管制),从而影响了民营企业国际化过程中利用国际资本和国际资源的能力。但不管目前我们有什么困难,国际资本市场现在已成为民营企业的一个大趋势,如大多数的 IT 或互联网公司选择在纳斯达克或中国香港特别行政区上市,已经上市的公司有搜狐、网易、新浪、百度、空中网等,即将上市的有博客网等。除了直接上市之外还有买壳上市的方式,又称借壳上市,通常采用反向收购(Reverse Merger),即一家没有实际业务同时只有很少资产的上市公司兼并一家民营企业,于是这家民营企业通过"反转兼并"成为上市公司,兼并后的公司成为一个全新的实体,并且通常会改名以反映新公司的实际情况。原始的上市公司成为"壳公司",具有一定的价值是因为它有上市交易的特性,一般来讲,"壳公司"需要通过资本重组及股份转让来兼并民营公司,因此给予民营公司的股东和管理部门对新公司的大多数控制权。借壳上市是民营企业上市的方法之一,这已经成为中小企业上市最为通用的方法,这帮助它们既获得了上市的好处,同时又避免了 IPO 昂贵的成本和冗长的程序。总的来说,要根据企业的实际情况,选择适合自己的方式。

第九章　民营企业管理热点问题研究

在当代社会中,市场竞争日趋激烈,民营企业想要更好地生存和发展,就必须要做好企业管理工作,形成合理的管理制度。目前,在我国民营企业的运营过程中,在管理方面还存在着许多不可忽视的问题,如员工流动问题、企业技术创新问题以及企业代际传承问题等。为了促进民营企业的发展,就必须要从根本上解决这些问题。在这里,本章内容将对民营企业管理方面的一些热点问题进行全面且系统的探究。

第一节　民营企业员工流动问题研究

在现代企业的发展过程中,员工流动是一个非常普遍的现象。对企业员工流动进行管理有着重要的意义,如何使员工在企业内有效流动,如何让有价值的员工留在企业,这些都直接关系到企业的核心竞争力。如果员工流动效率太低,就不利于企业的新陈代谢和新鲜血液的注入,但某些员工的流动会给企业带来较大的损失,企业需要对此进行重新招聘和培训,还可能会拖延工作进度,甚至造成组织的瘫痪。民营企业想要做好员工流动的相关管理工作,就必须要对企业员工流动有一个较为深刻的认识。

一、企业员工流动的类型

(一)自愿流动和非自愿流动

根据企业员工流动过程中员工的流动意愿,可以将企业员工流动分为自愿流动和非自愿流动。具体来说,非自愿流动的原因大多是被企业解雇或被迫辞职,而自愿流动则是出自企业员工个人的原因。

(二)组织性流动和个体性流动

根据企业员工流动的规模,可以将企业员工流动分为个体性流动和组织性流动。具体来说,组织性流动是指某一个行业中大量企业员工流动,并对企业带来巨大的影响;个体性流动则是指以个体为对象的流动,该行为对企业的影响相对来说比较小。

(三)国内流动和国际流动

根据企业员工流动的流向范围,可以将企业员工流动分为国内流动和国际流动两种情况。其中,国内流动是指人员在本国之内的流动,国内流动又可以分为企业间流动和企业内部的流动;国际流动是指企业员工跨越国界的流动,包括人员流向其他国家的企业以及流向跨国公司在本国设立的分支机构等。

(四)有效流动和非有效流动

根据企业员工流动的效果,可以将企业员工流动分为有效流动和非有效流动。具体而言,有效流动是指企业员工的合理流动,这种员工流动对企业有益,而非有效流动会给企业带来一定程度的负面效果。

二、构建企业员工流动管理机制

对于民营企业来说,如何改善企业管理,建立一套良性运转的人员流动机制对于企业的发展有着至关重要的意义。具体来说,企业员工流动管理机制的构建应该从以下几个方面着手。

(一)建立完善的留人体系

企业应当建立完善的留人体系。当员工提出离职或者表现出离职意向时,企业相关管理人员应当第一时间介入,与该员工进行交流,深入了解员工的想法和困难,真诚进行挽留。需要注意的是,对于普通员工和核心员工的离职要求应该进行区分对待。对于想要离职的核心员工,可以让他们更多地了解企业的运营状况和公司的发展理念,培育核心员工对企业的认同感,还可以合理提高其薪资待遇水平,尽力挽留。对于普通员工,如果是平时工作表现优秀的,可以适当进行加薪,或者运用其他激励方式,以便挽留人才;对于平时工作表现较差的员工,则不必进行太多的挽留,甚至可以主动淘汰这类员工。

(二)进行员工流动过程管理

对于员工流动过程的管理,主要分为两个部分,即员工流入的管理和员工内部流动的管理。留住员工的前提是招聘到合适的员工,企业在招聘员工时,不仅要考虑应聘者的技术才能,还要看其与同事合作的能力等方面。在企业发展过程中,经常会出现内部调动、岗位轮换、晋升、降职等员工的内部流动现象。做好企业员工内部流动的管理工作,有利于对员工进行全方位的能力开发,有利于选拔高级管理人才,有利于建立企业和谐的人际关系,有利于调动员工积极性,有利于促进企业的生产经营。

近些年来,有些员工在跳槽时会带走或窃取企业的核心技术机密、另行起家,与原企业进行恶性竞争等。因此,在日常的企业运营过程中,还必须要重视对员工德行、人品的考核。

(三)积极适应员工的流动

在当代社会中,企业员工的流动行为是一种正常而普遍的社会现象。对于员工而言,这是一种适应社会发展和满足个人自身发展的积极态度;对于企业来说,员工的流动也不一定是灾难性或毁灭性的。客观来说,某些员工的离去可以重新输入新鲜血液,有可能带来某些新知识、新观念和新的工作方法等,从而提高企业的工作效率。因此,在民营企业的发展过程中,应该积极适应员工的流动,树立把员工流动看作是一种财富的新观念。

第二节　中小型民营企业技术创新问题研究

在当代社会中,科学技术发展非常迅速,在这样的时代环境下,中小型民营企业为了更好地生存与发展,必须要不断进行技术创新活动。在这里,本节内容主要对中小型民营企业技术创新进行全面且系统的研究。

一、中小型民营企业技术创新的动因

对当今学术界关于民营企业技术创新的相关研究进行综合分析后,笔者认为,中小型民营企业技术创新的动因主要包括以下几个方面。

(一)技术演化的周期推动企业持续技术创新

根据人类社会发展的经验,每一种特定的技术最终都会被新技术所取代。从客观角度来说,这种从兴到衰的技术演化周期必然要求企业持续技术创新,唯有这样,企业才能跟上技术进步的步伐。在当代社会中,技术替代周期变短是现代技术发展的一个重要特征,过去一项技术替代另一项技术往往需要几十年甚至上百年的时间,而当今可能只需要几年甚至更短的时间。由此我们可以看出,当代技术演化周期不断变短的趋势在客观上要求企业不断进行技术创新。

(二)追求高额利润的动机诱使企业进行持续的技术创新

对于中小型民营企业而言,如果其成功地进行了一项技术创新,那么其不仅可以占用技术创新的资源,同时还在一定程度上拥有了新的技术创新能力。除此以外,技术创新的成果也会给企业本身带来可观的经济效益。在此基础上,如果企业能够持续进行技术创新,它就能够利用这些资源和能力获取高额的垄断利润。

(三)激烈的竞争迫使企业技术创新

在现代企业竞争的诸多形式中,技术创新竞争是其中的一个主要形式。从根本上来说,企业技术创新对其竞争对手所造成的打击不是目前的企业生产利润和产量,而是打击这些企业基础,会对这些企业的生存造成致命的威胁。

在当前阶段下,我国市场竞争的程度日益加剧。对于中小型民营企业而言,其不仅要与同行中拥有资金优势的国有大企业进行竞争,而且还要与实力强劲的国际跨国公司进行竞争。在这种市场环境下,技术创新已成为我国中小型民营企业生存和发展的必经之路。

(四)技术创新是现代企业制度的必然要求

对于现代企业而言,当其形成现代企业制度并有效地发挥其作用后,企业的管理权与所有权就正式分离,在这种企业环境中,对经营者进行有效激励,可以使企业中的职业经理人员在管理决策中更多地重视企业的长期稳定和成长,而不是贪图短期的高额利润。从客观角度来说,这样的现代企业目标和价值取向与中小型民营企业技术创新是高度耦合的。现代企业制度不仅内在地要求企业持续创新,而且还提供了相应的组织保障。

二、中小型民营企业技术创新面临的障碍

创新是中小型民营企业生存与发展的必然要求,只有不断创新才能为企业发展提供不竭的动力源泉。与世界上一些发达国家相比,我国民营中小型企业的起步较晚,基础较为薄弱,此外还存在一些较为严重的问题,这种情况严重影响了我国中小型民营

企业进行技术创新的原动力。

(一)传统经济体制和传统的经营观念抑制了创新动力

自改革开放以来,我国的经济体制改革工作取得了显著的成绩。但是,在当前阶段下,我国还处于完善的市场经济体制尚未建立起来之前的转轨期,因而中小型民营企业的发展还不能完全摆脱传统经济体制和传统经营观念的影响。这在中小型民营企业的发展过程中具体表现为:企业经营管理者短期行为比较普遍,企业经营管理人员缺乏相应的技术知识和创新意识,创新精神不足等。

(二)创新激励机制不足

具体来说,在企业技术创新活动中,主体是企业,技术创新的直接参与者是科技工作者。从这个角度来说,企业技术创新首先是企业和个人追求利益最大化的产物,其次才是社会和经济利益最大化的结果。[①] 然而在当前阶段下,我国在技术创新方面过于强调国家、集体和个人利益的一致性,而忽视了个人利益,从根本上打击了个人的创新积极性。在这种社会环境下,国内各类企业的利益也往往不能得到可靠的保障,企业技术创新在税收优惠、信贷支持等方面的激励制度也得不到落实,挫伤了企业创新的积极性。与此同时,企业内部对科技人员的激励力度也严重不足。

(三)技术创新的宏观环境尚未健全

新中国成立以来,我国一直是以公有制为主导,由于受传统计划经济的影响,国有企业一直在我国的国民经济中占据着主导地位,国家也针对其制定、颁布了许多法律条例,为国有企业技术

---

① 马山水,李劲东等:《我国民营企业管理热点问题研究》,北京:经济科学出版社,2007年,第49页。

创新提供各方面的服务。与国有企业、大型企业相比,政府鼓励、支持民营中小企业技术创新的法规却显得非常无力;对已颁布的民营中小企业技术创新的一些优惠政策、措施的落实情况也有待改善,民营中小企业要得到这些优惠政策往往要经过烦琐的手续,耗时费力,等享受到优惠政策时,所付出的实际成本还大于不优惠的成本,这种情况使得国家为民营中小企业制定的优惠政策变得毫无意义。

(四)现代企业制度建设滞后,制约了企业技术创新激励机制的形成

在当前阶段下,我国正处在过渡经济时期,部分企业产权仍不明晰、职责不够明确,还不符合现代企业制度的基本要求,企业的经营管理层和核心技术开发人员等与企业之间没有产权关系,导致企业成员对技术创新缺乏热情。

(五)风险投资体系不健全,企业技术创新缺乏资金保证

虽然技术创新成功后可以为企业带来丰厚的回报,但我们也必须认识到技术创新具有投入大、风险大的特点。在当前阶段下,我国金融界尚未建立起实现高投入、分担高风险、共享高回报的技术创新风险投资体系。在这种情况下,我国民营中小企业进行技术创新的活动经常会面临资金不足的情况。

(六)"知识产权虚置"严重损害了创新者的利益

早在 1984 年,我国就颁布了《中华人民共和国专利法》,然而,在我国社会经济发展过程中,该法案的实际运行情况并不理想,非法仿制、假冒伪劣现象非常普遍,对正常经济秩序的建立造成了恶劣的影响。许多地方政府从其管辖区域内的利益出发,对知识产权侵权行为采取默许态度,这就严重侵犯了创新者的利益,极大地影响了民营企业进行技术创新的积极性。

三、中小型民营企业技术创新的优势分析

中小型民营企业与国有大中企业的本质区别是所有制形式和企业规模的不同。与其他类型的企业相比,中小型民营企业在技术方面有以下两方面优势。

(一)中小型民营企业技术创新的基础优势

对于我国中小型民营企业而言,其管理较为科学,这是其开展技术创新活动最基本的优势。在当前阶段下,我国中小型民营企业的发展运营过程中,产权不清、管理水平低、政企不分等长期困扰企业发展的通病已不再是中小型民营企业发展中遇到的最主要困难。

(二)中小型民营企业技术创新的机制优势

一般来说,中小型民营企业的组织结构往往比较灵活而有弹性,具有"小型化""柔性化"的特点,其"组织资产"的专用性不是很强,甚至在开发与营销之间也可以不设界限。此外,由于中小型民营企业规模较小,因而可以节省大量的"内部协调费用",有利于知识、技术的共享。

从所有制形式与现代企业制度方面看,中小型民营企业在建立现代企业制度方面比国有企业更具优势。在中小型民营企业的发展过程中,一定程度上解决了国有企业技术创新机制上的深层次矛盾,使企业在技术创新的利益分配、风险承担、开发投资都同时处在主体地位。

在激励机制方面,中小型民营企业内部更容易采取股权激励等特殊的激励手段,更好地发挥各类人员的专业知识,发现创新点,开展创新活动。

此外,中小型民营企业的历史一般较短,很多还处在创业起步阶段,其技术组织结构较为简单,且具有相当的柔性,进行创新

活动的人为阻力较少。总之,与国有大企业相比,中小型民营企业更具有从事技术创新的机制优势。

四、中小型民营企业技术创新的环境分析

从客观角度来说,中小型民营企业的技术创新活动必然是在一定的环境中进行的,因此,为了保证中小型民营企业的健康发展,必须要为其营造一个有利于技术创新的发展环境。

(一)企业成长与创新环境概述

任何一个企业的成长发展,都是土地、劳动、资本、技术、管理等多种生产要素与制度、社会文化等环境因素综合作用的结果,都需要相应的环境提供支撑。因此,企业成长的环境系统也可以说是创业企业的栖息地,它是指适合于某类企业生存发展的社会经济文化的环境系统。企业成长环境不仅为企业提供土地、劳动、资本、技术等要素与投入,更重要的是为企业的成长设定了重要的制度基础与设施条件。正如我国学者吴敬琏所指出的:中国创业企业的栖息地起码应当具备四个基本要素——高素质专业(技术和商业)人才的集聚、广阔宽松的创业空间、良好的法治环境、充裕的资金供应。

(二)中小型民营企业技术创新环境因素

总的来说,良好的中小型民营企业的创新环境包括多方面的因素,主要包括技术支撑体系、人力资源支撑体系、产业支撑体系、资本支撑体系、制度与政策支撑体系、完善的社会化服务体系以及社会文化环境。

1.技术支撑体系

强有力的科技创新和技术支撑体系是中小型民营企业快速成长的重要基础。在当代社会中,科研院所、大专院校等机构是

中小型民营企业的主要技术和创新来源。近些年来,中国国家科委先后在国内一些高等院校及院所较为密集的区域设立了 53 个高新技术开发区。想要进行技术创新的中小型民营企业可以与这些高新技术开发区紧密合作,充分利用其精密高端的试验设备,及时向专家咨询。

2.人力资源支撑体系

对于民营企业而言,在众多的创新资源要素中,人力资源起着决定性的作用。这里说到的人力资源不仅是指技术人员,同时还包括管理、生产、销售及售后服务人员等。随着人类社会的不断发展,企业技术创新的专业性越来越强。一般来说,如果某地区有大量的专业人才,往往会对需要此专业的创新企业产生巨大的吸引力。

3.产业支撑体系

在当代社会中,人类社会生产活动中的分工越来越细,正是这种分工创造了企业相互依赖的网络,产业群就是这种网络的重要形式。在人类社会经济的发展过程中,产业群内部企业间相互依赖的网络不断对企业间的活动进行相应的协调,从而产生了企业间相互依赖和长期关系的多样化契约安排,这种生产模式可以有效地降低企业的交易和生产成本,推动企业间的共同开发。出于这方面的考虑,中小型民营企业在运营过程中必须充分关注企业的研究开发或创新与产业价值以及规模化的经营价值之间的紧密联系。

4.资本支撑体系

技术创新是高投入、高风险、高收益的活动,其对于资产投入有着较高的要求。在企业的技术创新实践中,如果没有适宜的融资机制,新技术创意的开发、示范、推广等阶段就可能出现各种各样的问题,创新目标也就难以实现。为了获得充分的资本,中小型民营企业的技术创新往往发生在资本支持力度较大的地区。

5.制度与政策支撑体系

在当前阶段下,我国各级政府应当主动为中小型民营企业的发展提供良好的市场准入、市场秩序、市场体系等各种制度环境。例如,可以建立包括完善的融资渠道在内的资本市场制度,放松中小型民营企业的市场准入条件,尽快改变目前我国民营企业登记手续繁杂,办企业入门难,多头审批,关卡林立等不合理现状。

6.完善的社会化服务体系

社会化服务体系是中小型民营企业生存与发展过程中必要的社会资本。在中小型民营企业的发展过程中,如果没有完善的社会化服务体系,往往会遇到来自各方面的问题。具体来说,中小型民营企业所要求的社会服务体系主要包括信息咨询服务、培训服务、中介服务、企业诊断和经营指导服务等。

7.社会文化环境

良好的创新文化氛围是技术创新成功的灵魂。如果一个地区拥有良好的创新文化氛围,人们就会相互支持、相互交流经验得失,从而形成共同的行为规范。由此可见,有无创新氛围对民营中小企业的生存与发展有着重要的影响。从根本上来说,在民营中小型企业的发展过程中,比建设豪华壮丽的大楼更重要的是构建一个有利于技术创新的文化环境。

五、中小型民营企业技术创新资源的类型

对于中小型民营企业而言,技术创新能力是形成企业竞争力的关键因素。创新资源又是形成创新能力的基本要素,对中小型民营企业技术创新资源进行科学整合,使其达到优化配置,是提高中小型民营企业技术创新能力的重要途径。企业技术创新资

源包括多种要素,主要有信息资源,资金资源,人力资源,组织、制度和政策资源。其具体如下所述。

(一)信息资源

中小型民营企业技术创新所需要的信息资源主要可以概括为两种类型,一是技术信息,二是市场信息。具体而言,技术信息包含技术创新项目所在领域的研究前沿和研究动态,与创新项目相关的最新研究成果及其他创新主体类似项目的进展状况等;市场信息则包括来自于顾客、供应商、竞争对手供求状况以及其变化趋势方面的信息。上述信息,中小型民营企业可以自己搜集,也可以借助于有关中介组织和合作伙伴。在当前阶段下,我国中小型民营企业拥有的市场信息多,技术信息少,企业对信息的满足程度仅是低水平的,还难以满足中小型民营企业技术创新的需要。

需要强调的是,中小型民营企业在技术创新实践中,不仅要注意获取外部信息资源,更不能忽视企业内部各生产经营的环节和各部门的反馈信息;既要注意信息的时效性,又要注重信息的准确性。

(二)资金资源

资金是中小型民营企业必备的技术创新资源。如果没有必要的资金投入,再好的创意也只存在于人们的头脑之中。在当前阶段下,技术创新活动本身的不确定性决定了其资金投入多、风险大、资金不足,融资渠道不畅,这是制约我国中小型民营企业技术创新实践的一大难题。

在当前阶段下,我国有相当一部分企业的技术研发费用高于新技术新产品试制费用,而发达国家在研究开发和新技术新产品试制环节经费投入之比为 $1:10$。这种投资结构使我国 R&D(research and development)成果的工程化、产业化资金严重不足,不利于各技术创新环节之间的合理衔接。

（三）人力资源

从根本上来说，企业技术创新活动是人的活动。在中小型民营企业的技术创新活动中，人力资源是最活跃的创新资源，与自然资源、物质资源等相比，人力资源具有以下几个鲜明的特征。

第一，人力资源所具有的从事智力和体力劳动的能力存于人的身体之中，是人力资本的存量，劳动时才能发挥出来。

第二，人力资源创造力的本体性和无限性。

第三，人力资源在技术创新活动中具有能动性和创造性，居于主导地位。

人才是知识和技术的载体，企业的知识创新和技术创新同企业所利用创造性人才的数量、质量以及结构密切相关。总而言之，中小型民营企业技术创新的成功离不开相对合理的人才结构配置。

（四）组织、制度和政策资源

组织、制度和政策是中小型民营企业赖以生存和发展的环境资源。在当代社会中，随着科学技术的飞速发展以及新技术在社会经济领域的广泛应用，市场竞争不断加剧。在这种经济环境下，技术创新活动不可能封闭在某一企业内部孤立进行，需要广泛与创新主体以外的组织展开全面合作。对于中小型民营企业而言，其进行技术创新的组织资源是多种多样的，如科研院所、与其密切合作的大专院校、供应商、用户等都属于技术创新组织资源的构成部分。

在现代社会中，企业的技术创新活动必然是在一定的制度和政策框架下进行的。具体而言，中小型民营企业技术创新的制度和政策资源主要包括市场准入、市场秩序、市场体系、企业组织等各种制度环境，还包括相关产业政策、技术政策、人才管理政策及各项对民营中小企业的扶持政策等。政府作为制度和政策资源的提供者，其在中小型民营企业的技术创新活动中发挥着无可替代的作用。如果政府扶持中小型民营企业的研发能力,可以有效提高其竞争力。为了更好地开展各种社会经济建设活动,各级政府应为中小型民营企业提供宽松的制度和优惠的政策,创造有利于技术创新的环境。

第三节　民营企业代际传承问题研究

目前,民营企业已经成为我国经济发展的重要力量。在民营企业中,家族企业占据了大部分,成为目前我国经济发展最具活力的经济集合体。但是,改革开放三十多年来,很多民营企业的创立者、掌权人都渐趋老龄化,精力不足,难以继续经营企业,要将手中的权利传承给后人。"研究表明,无论在中国还是在其他国家,仅有40%以上的家族企业能完成领导人的交接,其中只有30%左右的家族企业进入第二代,10%左右的家族企业进入第三代。"[①]可见,在代际传承方面,民营企业存在很大的问题,这严重阻碍了民营企业的发展。本节主要分析民营企业在代际传承方面存在的问题,并有针对性地提出一些解决措施。

一、民营企业代际传承存在的问题

民营企业在代际传承方面存在不少问题,主要表现在以下几方面。

(一)权力传承规划不足

事实上,很多民营企业都没有意识到企业权力传承规划的重要性,很多第一代创业者都有意无意陷入了权力陷阱,他们将自

---

① 鲁敏:《中国家族企业代际传承的主要障碍与解决途径》,发展,2011年第9期。

已一手创办的企业看作是生活的核心部分,是自己身份的象征,并且认为企业只有在自己的带领之下才能发展,所以一直到自己无力支撑时,才会考虑将手中的权力传承下去。即使有些企业内部会制定传承计划,在执行的过程中也很少完全按照正规程序。据调查显示,"家族企业有书面传承计划的只占5.7%,没有考虑传承问题或传承问题仅停留在头脑中的企业家有94.3%"①。

(二)候选接班人之间冲突严重

能走到传承这一步的民营企业通常都已经拥有一定的规模了,候选接班人通常也不会只有一个,所以一个很常见的问题就是候选接班人之间在接班问题上钩心斗角,争夺所有权和经营权。即便是企业内部产权非常明晰,候选接班人之间也会产生严重冲突。

(三)候选接班人与企业元老之间的冲突

在民营企业的传承过程中,候选接班人与企业元老之间也会因为利益分配以及元老对接班人能力的认可、接班人对企业元老的信任等问题而产生冲突。企业元老对接班人的满意程度视接班人能给他的利益而定,其对企业发展的信心也视接班人对企业经营魅力继承的多少而定。

(四)企业缺乏规范化管理

相对于其他形式的企业而言,民营企业,尤其是民营企业中的家族企业普遍存在着家长决策制、产权封闭制以及任人唯亲等问题,缺乏规范化的管理。

(五)传承模式单一

目前,民营企业的传承模式主要是子女继承。这一单一的继

① 黄晓萍:《浅析家族企业的传承问题》,现代经济信息,2011年第5期。

承模式很容易导致企业在第二代、第三代的手中走向衰落、瓦解。因为继承者的素质是无法估量的,不少企业家的子女缺乏独立性,依赖性较强,很少独立自主地解决问题,而且个性张扬,缺少能力,缺乏修养和道德感。但中国传统的家族制文化还是让创业者优先选择或者只选择将企业传承给自己的子女。

(六)个人权威影响过大

通常,民营企业的创始人在企业中都拥有绝对的权威,他们以高超的企业经营管理能力树立了自己在企业员工、元老心目中的高大形象,这既促进了企业的发展,也限制了候选接班人、接班团队的形成和发展,限制了企业下一代领导人的创新意识和创新能力。而且,如果企业因为某种缘故突然进行传承,就会给企业带来巨震,很可能导致企业四分五裂。

(七)社会对代际传承误解太深

近年来,由于个别"富二代"表现出严重的社会负面影响,社会上对"富二代"的误解很深。这导致很多民营企业的候选接班人非常反感代际传承,甚至一提到"富二代"就很敏感,迫切希望社会上能够全面、正确地认识民营企业接班人。

二、解决民营企业代际传承问题的对策

(一)建立现代企业制度

建立现代企业制度,加强企业内部的治理,适当分离所有权和经营权,对于改善民营企业管理机制有着非常重要的意义。通过制定科学、系统的管理制度,有助于解决民营企业管理制度混乱、薪酬制度不明确等方面存在的问题。

(二)重视企业传承,严格选拔和培养继承人

从发展的角度来看,家族企业的传承是家族企业的一项长期

战略任务,应做好充分准备,制定好传承规划。家族企业在选定继承人后,应该让继承人从最基层的工作做起,接受严格的锻炼培养,提升自身的专业素质和领导能力,用自己在工作中的良好表现树立威望,进而顺利接管企业。在对继承人的培养过程中,为了保证继承人的素质能够担当起管理企业的重任,可以引入淘汰机制,如果继承人的表现不够完美,则应该对其进行有针对性的培养,甚至考虑更换继承人。

(三)选择合适的传承模式

在当代社会中,民营企业的传承模式是较为灵活的,既可以选择子女作为继承人,也可以从内部员工中培养继承人或聘请职业经理人。在民营企业传承方面,一定要充分考虑本企业的文化背景、制度体系、产业性质和企业成长阶段等实际情况,进而选择最优的传承模式。一般来说,在企业发展初期,由于企业员工比较少,企业的经营管理也较为简单,因而可以采取子女继承模式;当企业规模不断扩大、管理制度趋于完善时,则可以采取子女继承企业所有权,同时从企业内部员工中提拔优秀管理人员负责经营权的传承模式。

参考文献

[1]何金泉.中国民营经济研究.成都:西南财经大学出版社,2001.

[2]屠春友.现代领导心理学.北京:中共中央党校出版社,2001.

[3]甘德安等.中国家族企业研究.北京:中国社会科学出版社,2002.

[4]李亚.民营企业公司治理.北京:中国方正出版社,2003.

[5]李亚.民营企业人力资源管理.北京:中国方正出版社,2003.

[6]李亚.民营企业跨国经营.北京:中国方正出版社,2004.

[7]李亚.民营企业管理概论.北京:机械工业出版社,2006.

[8]李亚.民营企业产权融合.北京:机械工业出版社,2006.

[9]马山水,李劲东等.我国民营企业管理热点问题研究.北京:经济科学出版社,2007.

[10]徐淑英,边燕杰,郑国汉.中国民营企业的管理和绩效:多学科视角.北京:北京大学出版社,2008.

[11]胡八一.人力资源规划实务.北京:北京大学出版社,2008.

[12]万志前.智慧经营:民营企业知识产权管理.天津:天津大学出版社,2010.

[13]胡八一.高新企业股权激励.北京:企业管理出版社,2010.

[14]张茂林,袁秋菊,柳劲松.战略决策:民营企业领导科学与艺术.天津:天津大学出版社,2012.

[15]胡八一.民营企业人力资源管理实务.北京:电子工业出版社,2012.

[16]陈永丽.基于伦理理念的民营企业绩效管理研究.成都:西南财经大学出版社,2013.

[17]叶广宁.中国民营企业总部选址研究.北京:经济科学出版社,2014.

[18]章毓育,施雨.民营企业财务管理.北京:清华大学出版社,2015.

[19]庚弘.企业战略管理理论的演变及新发展.外国经济与管理,1999(2).

[20]孙早.家庭制与中国私营企业的成长.山西财经大学学报,1999(10).

[21]王明洁.民营企业与现代公司治理.财经问题研究,2003(4).

[22]项保华,罗青军.安德鲁斯战略思想及其扩展.科研管理,2002(6).

[23]于耘.电力勘测设计院竞争战略探讨——源于迈克尔·波特竞争战略理论的思考.电力勘测设计,2006(1).

[24]张建民.对企业核心竞争力的再认识.技术经济与管理研究,2011(1).

[25]鄢建人.选准发展模式　实现企业战略目标.现代企业,2014(1).

[26]昀熙.伊戈尔·安索夫　战略规划之父.现代企业文化(上旬),2014(9).